이 와 나 미 0 1 6

프랑스
혁 명

-역사의 변혁을 이룬 극약-

지즈카 다다미 지음

남지연 옮김

목차

국왕 루이 16세와 왕비 마리 앙투아네트
(혁명 초기의 동판화)

일러두기

1. 이 책은 국립국어원 외래어 표기법에 따라 일본어를 표기하였다.

2. 어려운 용어는 독자의 이해를 돕기 위해 주석을 달았다. 역자 주와 편집자 주
   외에는 모두 저자의 주석이다.
   *용어
   예) 인클로저(영주나 지주가 목양업이나 대규모 농업을 목적으로 미개간지, 공유지 등 개방
   된 땅에 울타리를 쳐서 사유화한 것—역자 주)
   흑선黑船(1853년 미국 페리 제독이 이끌고 온 검은 함선—편집자 주)

3. 서적 제목은 겹낫표(『』)로 표시하였으며, 그 외 인용, 강조, 생각 등은 따옴표
   를 사용하였다.
   *서적 제목
   예) 『레 미제라블』, 『사회계약론』

청동시대

여러분은 로댕의 조각 '청동 시대'를 사진으로든 뭐로든 보신 적이 있는지요. 다부진 골격과 근육을 가졌지만 아직 어딘가 어린 티가 남아 있는 싱그러운 청년의 모습을 나타낸 조각입니다. 이 작품은 청춘이라 불리는 시기의 인간만이 갖는 정취를 훌륭하게 표현하고 있습니다. 몸속에서 끓어오르는 격렬한 힘, 그 힘에 의지하여 미래를 개척하고자 하는 의욕, 한결같이 살아가려 하면서도 어

로댕 작 '청동 시대'
(파리, 로댕 미술관 소장)
〈쇼가쿠칸(小学館) 제공
『세계미술대전집23』〉

떤 길로 나아가야 할지 모르는 망설임, 난생처음 알게 된 인생의 고민과 괴로움. 이 청년의 상은 희망과 고뇌로 가득 찬 청춘의 모습을, 그야말로 지금의 여러분의 모습을 나타내고 있는 것입니다.

필자는 이 책을 지금 청동 시대에 있는 여러분이 읽어주었으면 하는 마음에 썼습니다. 아마 여러분은 이 책을 처음 봤을 때 '이상한 제목을 가진 책'이라고 생각했을 것입니다. 이 책은 프랑스 혁명의 역사를 빠짐없이 기록한 책이 아닙니다. 프랑스 혁명은 이른바 극약 같은 것이었다는 사실을 여러분에게 이야기하기 위한 취지의 책입니다. 극약이란 무엇일까요? 사전에는 '작용이 강력하여 남용하면 생명에 지장을 주는 위험한 약제'라고 나와 있습니다. 프랑스 혁명은 당시의 사회를 변혁하기 위한 작용이 강력했던 위험한 약제 같은 것이었습니다.

극약은 무서운 것입니다. 그래서 먹는 데는 용기가 필요합니다. 그렇지만 때로는 먹지 않으면 안 되는 경우도 있습니다. 지금으로부터 200여 년 전, 프랑스 사람들은 새로운 시대를 만들기 위하여 혁명이라는 극약을 먹고 괴로워했습니다. 혁명이란 위대한 사업인 동시에 비참한 고통을 동반하는 것이기도 합니다. 지금 청동 시대에 있는 여러분이라면 극약이라고 해서 무조건 꺼리지는 않으리라 생각합니다. 여러분이라면 분명 프랑스 혁명의 위대함과 비참함에 어딘가 공감하는 부분이 있을 것입니다.

역사를 배운다는 것에는 여러 가지 의미가 있습니다. 이를테면 과거와 현재를 비교하여 현재 우리의 삶을 반성하는 것이 그중 하나입니다. 또한 과거로부터 지금까지 변화해온 과정을 학습하여 현재를 이해하는 데 참고하기도 합니다. 역사를 배우는 다양한 의미에 대해서는 이 책의 마지막 부분에서 다시 한 번 생각해볼 예정입니다. 다만 여기에서 미리 말해두고 싶은 것이 있습니다. 그것은 역사 속에 살았던 인간들의 번민과 실패와 괴로움, 그리고 그러한 고뇌가 있었기에 얻은 위대함을 알고 거기에 공감하며 감동하는 것에도 또한 역사를 배우는 커다란 의미가 있다는 사실입니다. 프랑스 혁명 속을 살았던 사람들의 모습에 청동 시대의 여러분이 공감하고 감동하기를 바라면서 필자는 이 책을 썼습니다.

한 나라 국민의 청동 시대

한 사람 한 사람의 인생에 청동 시대가 있듯이 한 나라 국민의 역사에도 청동 시대가 있지 않을까 합니다. 프랑스 혁명 시대는 프랑스 국민의 청동 시대였습니다. 그때 프랑스의 젊은이들은 용기를 내어 혁명이라는 극약을 마셨습니다. 물론 일본 국민의 역사에도 청동 시대가 있었습니다. 메이지 유신明治維新(1868년, 막번 체제를 무너뜨리고 중앙집권 통일 국가를 이룬 변혁 과정—역자 주) 무렵의 일본이 바로 그랬습니다. 프랑스 혁명과 메이지 유신 간에는 뒤에서 서술하는 것처럼 여러 가지 차이가 있습니다. 하지만 이 두 변혁의 시대는 양국 국민에게 있어 각각의 청동 시대라 할 만한 눈부신 대활동의 시대였습니다.

국민의 청동 시대에는 노인을 제치고 젊은이들이 무대의 정면에 섭니다. 혁명이니 유신이니 하는 거친 일은 활력 넘치는 젊은이가 아니면 해낼 수 없기 때문입니다. 프랑스 혁명의 지도자 중 하나인 생쥐스트는 겨우 26세로 단두대에 올랐습니다. 메이지 유신의 정신적 지주 중 하나가 된 요시다 쇼인吉田松陰이 처형되었을 때, 그는 아직 29세였습니다. 1871년 이와쿠라岩倉 사절단(메이지 정부가 근대화를 추진하기 위해 서양에 파견한 사절단-역자 주)이 유럽과 미국 시찰 여행을 떠날 때 수행한 여자 유학생 중 한 명으로 훗날 쓰다주쿠津田塾대학을 창설하는 쓰다 우메코津田梅子는 당시 고작 8세에 불과했습니다. 이러한 젊은이들이 글자 그대로 목숨을 걸고 국민의 재생을 위해 악전고투했던 시대, 그것이야말로 국민의 청동시대라 부르기에 걸맞을 것입니다.

여러분은 메이지 신궁 외원外苑에 있는 회화관을 아시는지요. 메이지 천황과 그 시대를 묘사한 80점의 그림이 전시되어 있습니다. 그 가운데 한 장, 유신의 대업이 겨우 궤도에 오른 1883년 7월 임종을 앞둔 이와쿠라 도모미岩倉具視를 메이지 천황이 위문하는 모습을 그린 그림이 있습니다. 가족의 도움을 받아 반신을 일으킨 이와쿠라를 아직 30세인 천황이 어깨를 늘어뜨리고 가만히 바라봅니다. 국내의 근대화를 추진하는 동시에 열강이 득실거리는 세계의 격랑 속으로 뛰어들려 하던 젊은 일본. 그 일본의 조타를 맡게 된 젊은 천황. 중책을 짊어진 채 유신의 공로자를 떠나보내는 침통

함. 여기에 그려진 메이지 천황은 훗날의 위엄 있는 초상과는 달리 오히려 애처로워 보입니다. 여기에는 불안한 걸음으로 걷기 시작한 청동 시대 일본의 고뇌가 응축되어 있는 듯한 느낌이 듭니다.

청동 시대에 접어든 여러분. 인간으로 태어난 이상 인간답게 충실한 인생을 살아야 하지 않겠습니까. 충실한 인생, 그것은 감동이 끊이지 않는, 눈물을 잃지 않는 인생이 아닐까요. 이제부터 필자는 메이지 시대 일본보다도 훨씬 강력한 극약을 먹고 괴로워한 프랑스 혁명 시대를 여러분에게 이야기하려 합니다. 이 변변치 못한 책을 손에 들어주신 여러분이 혁명의 위대함과 비참함에 대하여, 또 그 시대를 살아간 인간 자체의 위대함과 비참함에 대하여 조금이나마 공감하고 감동해주신다면 필자에게 그 이상의 행복은 없을 것입니다.

이 책의 사용법에 대해서

이 책은 앞서 말했듯이 프랑스 혁명의 역사를 처음부터 끝까지 시간 순서에 따라 빠짐없이 기록한 책이 아닙니다. 교과서나 개론서와 달리 이야기가 사방으로 튀기 때문에 당황스러울지도 모릅니다. 또한 필자는 이 책을 통해 프랑스 혁명이란 이른바 극약 같은 것이었다는 이야기를 여러분에게 하고 싶다고 말했습니다. 하지만 역사를 어떻게 보느냐하는 것은 무척 어려운 문제이므로, 필자의 생각을 여러분에게 밀어붙이지는 않을 것입니다. 오히려 필자와 함께 여러분 스스로 생각해주었으면 합니다. 그래서 이 책에서는 여러 가지 문제를 제기한 뒤 여러분과 함께 생각하는 형식으로 이야기를 진행시키기로 하였습니다. 역사책의 임무는 독자를 사색으로 이끄는 데 있다고 생각하기 때문입니다.

따라서 이 책은 그리 읽기 쉬운 책이 아닐 수도 있습니다. 가급적 이해하기 쉽도록 서술하였으나, 그래도 잘 모르는 부분이 있다면 권말의 독서 안내에 소개한 참고서를 읽어보는 것을 추천합니다. 또한 권말에는 얼마간 상세한 연표를 실었으니 본문을 읽으면서 이 연표를 활용해보세요.

　이 책에서는 여러 가지 문장과 연설 등을 인용하고 있는데, 인용문 뒤에 출전이 표기된 경우를 제외하고는 전부 필자가 직접 원문을 번역하였습니다. 또한 인용문 속의 소괄호에 넣은 부분은 필자가 설명을 위해 보충한 것입니다.

제1장
혁명의 위대함과 비참함

프랑스 국가 라 마르세예즈

1792년 여름, 마르세유에서 파리로 올라온 의용병이
이 노래를 부른 데서 유래한 이름이다.

1. 은촛대

:: 미리엘 주교

여러분은 빅토르 위고의 소설 『레 미제라블』을 읽어보신 적이 있나요. 뮤지컬을 본 사람도 많으리라 생각합니다. 파란만장한 이 이야기의 전체 줄거리를 알지는 못하더라도, 소설의 출발점에 있는 '은촛대' 이야기라면 아마 들어보았을 것입니다.

무대는 프랑스 혁명이 끝나고 시간이 조금 흐른 프랑스입니다. 주인공 장 발장은 빵 한 조각을 훔친 죄로 19년 동안이나 감옥에 갇혔다가 1815년 겨우 막 풀려난 상태였습니다. 세상을 저주하고 인간을 원망하며 출소한 그가 디뉴 마을에 도착했을 때, 전과자인 그를 두려워하여 어느 여관도 방을 빌려주지 않았습니다. 그런 그에게 뜻밖의 따뜻한 식사와 하룻밤 숙소를 제공한 사람이 미리엘 주교라는 성직자였습니다. 한밤중에 눈을 뜬 장 발장은 주교의 집에 있던 은식기를 훔쳐 달아납니다. 다음 날 아침 헌병에게 붙잡혀 돌아온 장 발장을 보고 미리엘 주교는 자신이 식기를 준 것이라 말하며 풀어준 뒤 그에게 은촛대까지 선물하여 올바른 사람이 되도록 깨우쳐주었습니다.

세상에 대한 원망 탓에 거칠어져 있던 장 발장은 이 은촛대를 계기로 다시 태어납니다. 이윽고 이름을 바꾸고 몽트뢰유쉬르메르의 시장 마들렌으로 변신한 그는 죽어가는 창녀 팡틴의 마지막 소원을 이루어주기 위하여 그녀의 딸 코제트를 탐욕스러운 테나르디에의 손에서 구해내러 갔습니다. ……

여기에서 여러분이 한 가지 생각해주었으면 하는 것이 있습니다. 장 발장에게 은촛대를 준 미리엘 주교는 왜 그렇게나 마음 착한 사람이었던 것일까요. 사실 거기에는 이유가 있습니다. 『레 미제라블』에는 은촛대 이야기보다도 앞에 미리엘 주교가 학대받는 사람들에 대해 그처럼 자애로운 마음을 갖게 된 사연이 서술되어 있습니다. 그것은 그가 우연히 프랑스 혁명의 생존자를 만난 일입니다. 미리엘 주교는 그 만남을 통해 과연 어떤 경험을 했을까요.

:: '국왕 살해자'

미리엘 주교가 사는 디뉴 마을 변두리에 전 국민공회 의원이었던 노인이 사람들의 눈을 피해 살고 있었습니다. 국민공회란 프랑스 혁명이 가장 혹독한 국면을 맞았던 1792년부터 95년까지의 의회를 말합니다. 국왕 루이 16세는 이 의회에서 재판에 회부되어 사형에 처해진 것이었습니다. 그래서 혁명이 끝난 뒤, 국민공회에서 국왕의 사형에 찬성했던 의원들은 '국왕 살해자'라 불리며 증오받게 되었습니다. 디뉴 마을 변두리에 숨어 살던 노인은 국왕의 사형에 찬성하지는 않았으나, 역시 '국왕 살해자'와 동류로 취급되어 마을 사람들에게 미움받고 있던 것입니다. 그 노인이 병으로 죽어간다는 말을 듣고 미리엘 주교는 폐가나 다름없는 그의 집을 방문합니다.

죽어가는 노인에게 마지막 축복을 내리러 간 주교는 호기심이 일어 그에게 국민공회의 국왕 재판에 대해 물었습니다. 그 대답은 대략 다음과 같았습니다.

저는 루이 16세의 사형에는 찬성하지 않았습니다. 왜냐하면 저에게 한 사람의 인간을 죽일 권리가 없다고 생각했기 때문입니다. 하지만 저는 악을 절멸할 의무는 있다고 생각합니다. ……악의 절멸이란 여성이 매춘으로 내몰리거나, 남성이 노예처럼 혹사당하거나, 아이가 교육도 받지 못한 채 어둠 속에 방치되는 비참한 상태를 절멸하는 것입니다. 제가 왕정을 무너뜨리고 공화정을 수립하는 데 찬성한 것은 그러한 악을 절멸하기 위해서였습니다. ……

주교님, 누가 뭐래도 프랑스 혁명은 그리스도 탄생 이래 인류의 가장 힘찬 한 걸음일 것입니다. 비록 불완전하기는 했지만, 그것은 숭고한 사업이었습니다. 사회 밑바닥에 가라앉아 있던 모든 사람들을 해방하려 했던 것입니다. 그것은 사람들의 마음을 풀어주고, 진정시키고, 위로

하고, 정신에 광명을 비추며, 이 세상에 문명을 널리 전파하려는, 그런 훌륭한 사업이었습니다. 프랑스 혁명. 그것이 인간의 존엄을 일깨웠습니다. ……

아시겠나요, 주교님. 프랑스 혁명에는 정당한 이유가 있었습니다. 혁명이 맹위를 떨쳐 많은 희생자를 낳았다 해도 미래가 용서할 것입니다. 혁명의 결과로 태어난 것은 보다 바람직한 세계입니다. 혁명은 무서운 타격을 주었습니다. 그래도 그 타격으로부터 인류는 위안을 얻었다고 할 수 있습니다. ……그래요, 혁명이란 이를테면 진보가 흉포한 모습을 하고 나타난 것과 같습니다. 그러므로 혁명이 끝났을 때 사람들은 이렇게 말할 것입니다. 혁명 때문에 지독한 꼴을 당하기도 했지만 그 덕분에 인류는 전진할 수 있었다고.

이렇게 이야기하는 늙은 전 국민공회 의원의 눈에서는 눈물이 흘렀습니다. 그리고 그는 "아, 이상이여! 이상만이 곧 전부다"라고 낮게 중얼거린 뒤 미리엘 주교가 지켜보는 가운데 눈을 감습니다.

이 프랑스 혁명 생존자의 이야기는 미리엘 주교에게 신비한 감동을 주었습니다. '주교는 뭐라 표현할 수 없는 생각에 깊이 잠겨 집으로 돌아왔다. 그리고 그날 밤을 온통 기도로 지새웠다. ……이날 이후 그는 어린아이와 고통받는 사람들에게 이전보다 갑절의 온정과 우애를 베풀게 되었다'라고 위고는 적고 있습니다. 장 발장이 주교 앞에 나타난 것은 그로부터 얼마 지나지 않은 뒤였습니다.

여러분은 이제 은촛대를 준 미리엘 주교가 왜 그렇게나 온정 어린 사람이었는지 이유를 알았을 것입니다. 미리엘 주교는 프랑스 혁명의 이상을 접하고 약자에 대한 배려심이 배가한 것이었습니다.

물론 이 이야기는 위고의 창작입니다. 그렇지만 빈사의 노인이 남긴 말은 혁명의 이상을

생쥐스트(1767~1794)

정확하게 전하고 있습니다. 실제 국민공회 의원으로 '국왕 살해'의 장본인이라 할 만한 생쥐스트는 1794년 2월 26일 과 3월 3일에 국민공회에서 이렇게 연설했습니다.

국가 안에 한 사람이라도 불행한 사람이나 가난한 사람이 있는 것을 방치해서는 안 된다. 그러한 사람이 하나도 남지 않게 되었을 때 비로소 제군은 혁명을 완수하고 진정한 공화국을 건설했다고 할 수 있을 것이다. ……

프랑스 영토 내에는 이제 하나라도 불행한 사람이 있어서는 안 되며, 또한 타인을 억압하는 자가 있어서도 안 된다. 그리고 제군의 그러한 결의를 전 유럽에 알려야 할 것이다. 부디 바라건대 이 프랑스의 실례가 지구 상에서 풍요로운 결실을 맺어 덕에 대한 사랑과 행복을 온 지구에 널리 전파하기를! 행복은 유럽의 새로운 이념이다.

정말로 프랑스 혁명의 이상은 미리엘 주교가 들었던 말과 완전히 같아서, 이 세상의 불행과 비참을 없애고 인간의 존엄을 회복하는 데 있었습니다. 그리고 이러한 혁명의 이상이 『레 미제라블』의 긴 이야기 전체를 관통하고 있습니다. 위고는 이 책의 첫 페이지에 이렇게 적었습니다. '이 세상에 무지와 비참이 있는 한, 이러한 책들이 쓸모없지는 않을 것이다'라고.

:: 프랑스 혁명과 일본국 헌법

위고의 『레 미제라블』은 1862년에 출판되었습니다. 그 무렵 이 세상의 비참 대부분은 빈곤이 원인이었습니다. 오늘날 풍족하게 자란 여러분은 그러한 빈곤과는 인연이 없을지도 모릅니다. 하지만 불과 얼마 전, 적어도 제2차 세계대전이 끝날 때까지 일본에도 많은 비참이 있었습니다. 지금 여러분이 그러한 비참에서 해방되었다고 한다면 그렇게 될 수 있었던 경위를 알아야 할 것입니다. 갑작스럽지만 여기서 현재의 일본국 헌법에 대해 생각해보기로 합시다.

제2차 대전의 패배(1945년)로 일본은 전후 개혁戰後改革이라 불리는 커다란 변혁을 경험했습니다. 그 개혁 가운데 중요했던 사항이 신헌법의 제정이었다는 사실은 여러분도 잘 아실 것입니다. 새로운 일본국 헌법에는 전전戰前 헌법에는 없던 새로운 조항이 여럿 포함되어 있습니다. 그 새로운 조항 중 하나로 '모든 국민은 건강하고 문화적인 최저한도의 생활을 영위할 권리를 가진다'라는 제25조가 있습니다. 국민의 생존권 보장을 명기한 이 조항은 앞에서 본 프랑스 혁명의 이상을 계승한 것입니다. 프랑스 혁명 당시 사람들의 생존권을 여러 가지 권리 가운데서도 가장 우선해야 한다고 주장한 사람은 로베스피에르였습니다. 오늘날 여러분이 헌법에 의해 빈곤으로 인한 비참을 면하고 있다면 그것은 로베스피에르와 생쥐스트가 제창한 이상과 깊은 관계가 있는 것입니다. 이에 대해서는 이 책의 제4장에서 다시 한 번 거론할 예정이니 잘 기억해두셨으면 합니다.

다만 여러분이 빈곤으로 인한 비참에서 보호받고 있다고는 해도, 인간의 존엄을 해치는 비참은 형태를 바꿔 여전히 존재하고 있지 않나 싶습니다. 어떤 형태이든 비참이 이 세상에 있는 한 인간의 존엄을 되찾으려 했던 프랑스 혁명의 이상은 언제까지나 우리의 가슴을 뜨겁게 만들 것입니다.

2. 퀴리 부인과 프랑스 혁명

지금까지 『레 미제라블』과 생쥐스트의 말을 통하여 프랑스 혁명이 내건 높은 이상을 확인하였습니다. 그러한 이상을 내걸었다는 사실 자체가 우리에게 일종의 감동을 선사하는 것과는 별개로, 여기까지 읽은 여러분이라면 분명 이러한 의문을 가질 것입니다. '이상을 표방할 뿐이라면 무슨 말이든 할 수 있다. 문제는 그 이상이 실현되었는지 여부가 아닌가'라고. 지당한 생각입니다. 그저 이상인 채로는 그림의 떡이나 다름없습니다. 그렇다면 현실은 어땠을까요. 중요한 것은 다음 두 가지 사항일 것입니다. 하나는 혁명이 이상을 얼마나 실현할 수 있었는가 하는 점이고, 다른 하나는 이상을 실현하려는 과정 속에서 무언가 큰 문제가 발생하지는 않았는가 하는 점입니다.

첫 번째 사항부터 살펴보겠습니다. 프랑스 혁명은 그 이상을 실현하기 위한 다양한 정책을 내세웠습니다. 그 정책들을 통해 무엇이 실현되었는지는 이 책의 제3장 '극약은 어떤 효과를 올렸는가'에서 자세히 이야기할 생각입니다. 다만 여기에서 미리 말해두고 싶은 것은 혁명의 이상이 실현되기 위해서는 오랜 시간이 필요하다는 사실입니다. 메이지 유신의 경우에도 '5개조 서문誓文'에 표명한 유신의 이상을 실현하기까지는 매우 오랜 세월이 걸렸습니다. 프랑스의 경우 혁명이 끝난 뒤 나폴레옹의 독재가 시작되고 뒤이어 왕정이 복고되는 등 이른바 혁명의 '반동'과 같은 시대가 있었기 때문에, 혁명의 성과가 정착하는 데는 100년가량의 시간이 필요했습니다. 그래서 먼저 100년 후 프랑스의 모습을 살짝 들여다보고자 합니다.

두 번째 사항에 대해서는 여러분도 프랑스 혁명 과정에서 '공포정치'라 불리는 시기에 많은 사람이 단두대(기요틴)로 목숨을 잃었다는 사실을 잘 아실 것입니다. 이 세상의 비참을 없애려 한 혁명이 도리어 그 과정 속에서 비참한 희생자의 피를 대량으로 흘렸던 것입니다. 이 점에 대해서는 이 책의 제4장 '극약의 고통에 대해 생각하다'에서 자세히 이야기할 생각입니다. 다만 여기에서는 프랑스 혁명 '공포정치'의 희생자 중 하나인 라부아지에의 운명에 대해 짚고 넘어가고 싶습니다.

그러면 위와 같은 두 가지 사항을 이야기하는 실마리로서 여러분도 잘 아는 과학자, 퀴리 부인을 등장시켜보도록 합시다.

:: 퀴리 부인을 맞이한 프랑스

퀴리 부인은 과학 연구에 평생을 바친 인물로, 프랑스 혁명과는 직접적인 관계가 없습니다. 하지만 그녀의 재능이 꽃을 피운 데는 19세기 말, 즉 혁명의 성과가 정착한 시기의 프랑스 상황이 크게 관계하고 있습니다.

훗날 퀴리 부인이 되는 마리아 스크워도프스카는 1867년 폴란드 바르샤바에서 태어났습니다. 그 무렵의 폴란드는 러시아 제국 치하에 있었기에, 조국을 잃은 폴란드인은 공용어로서 러시아어 사용이 강제되는 등 러시아의 혹독한 압정에 시달렸습니다. 소녀 시절의 마리아와 친구들은 마음속으로 러시아의 압정에 대한 격렬한 반항 정신을 불태우며, 자유를 빼앗긴 어두운 나날을 보내고 있었습니다. 그런 마리아가 파리대학 이학부에 유학하기 위해 파리에 도착한 시기는 1891년 가을, 프랑스 혁명으로부터 약 100년가량이 흘렀을 때의 일이었습니다.

파리란 도시는 어쩌면 이렇게 활기를 북돋아줄까! 어쩌면 이다지도 힘차게 약동하며 희망으로 가슴 부풀게 할까! 게다가 폴란드 소녀에게 주는 이 형언할 수 없는 해방감이란! 고생스러운 여정으로 초췌해진 마리아가 북역의 낡은 승강장에 내려선 순간, 굴종의 생활을 강요하던 굳은 틀이 돌연 헐거워지면서 양어깨가 활짝 펴지고 폐와 심장이 마음먹은 대로 움직이는 듯한 느낌이 들었다. 마리아는 난생 처음 자유의 나라의 공기를 호흡한 것이다(에브 퀴리, 가와구치 아쓰시川口篤 외 역, 『퀴리 부인전』 하쿠스이샤白水社, 1938

년, 156쪽).

마리아를 굴종으로부터 해방시킨 자유의 나라 프랑스, 그 무렵 프랑스는 제3공화정(1870~1940)이라는 체제하에 있었습니다. 혁명 후 여러 차례 정체政體가 바뀌던 프랑스에서는 1870년대가 되어서야 겨우 혁명의 성과인 민주적 공화정이 정착한 것입니다. 마리아가 입학하기 5년 전인 1886년에는 파리대학에 프랑스 혁명사 강좌가 개설되었는데, 그 강좌의 초대 담당 교수가 된 올라르는 혁명의 2대 원리는 민주주의와 공화정이라고 역설하였습니다. 제3공화정은 그 2대 원리를 새로운 체제의 기초에 놓고 혁명의 성과를 정착시키려 합니다. '자유·평등·우애'라는 혁명의 표어는 1848년의 헌법에 한번 채용되었다 폐지된 뒤, 이 제3공화정 때 다시 나라의 공식 표어가 되었습니다. 프랑스 혁명 기념일(바스티유 점령의 날)인 7월 14일이 정식 국경일이 된 것도 1880년의 일입니다. 억압받던 마리아 스크워도프스카의 훌륭한 재능은 이러한 이른바 프랑스 혁명의 비호 아래서 비로소 꽃을 피운 것입니다.

∷ 라부아지에의 운명

그렇다면 그 마리아, 훗날의 퀴리 부인 자신은 프랑스 혁명을 어떻게 보고 있었을까요. 딸 에브 퀴리가 쓴 전기에 따르면, 퀴리 부인은 폭력적 혁명에 반대하여 "라부아지에를 단두대에 세운 것이 바람직한 일이었다고는 아무리 뭐라 해도 동의할 수 없어요"라는 말을 하곤 했다고 합니다.

라부아지에는 18세기 프랑스가 낳은 근대 화학의 창설자로, 연소는 산화라는 사실을 정립하는 등 많은 업적을 쌓아 여러분 가운데서도 이름을 아는 사람이 많을 것입니다. 혁명 전부터 학문을 현장에 응용하는 데 열심이었던 그는 혁명이 시작되자 학식을 살려 화약 제법의 개선, 미터법 제정 작업에 참가, 재정 개혁을 위한 국부 추계 등 새로운 사회 건설에 적극적으로 협력하였습니다. 그러나 혁명은 그에게 생각지도 못한 운명을 가져다줍니다. 그가 혁명 전 총징세 청부조합에 몸담았던 것이 화근이었습니다.

총징세청부조합이란 각종 간접세(음료 따위에 부과되는 소비세)를 국가 대신 일괄하여 징수하는 조합으로, 조합의 이익을 위해 세금을 가차 없이 짜내었기 때문에 일반 국민들에게 깊은 미움을 사고 있었습니다. 징세청부 제도 자체는 혁명에 의해 폐지되었지만 혁명이 격화하던 1793년 가을 무렵, 과거 징세청부인이었던 사람들은 국민을 희생하여 이익을 탐했다는 죄목으로 재판에 회부됩니다. 라부아지에 역시 혁명재판소에 끌려나와 1794년 5월 8일 처형되었습니다.

라부아지에가 혁명 전까지는 정당하게 여겨지던 징세청부업에 종사했다는 이유만으로 처형당한 것은 공포정치의 어두운 면을 상징하는 사건이라 할 수 있습니다. 그가 위대한 학자였던 만큼 그 비참한 운명은 프랑스 혁명 자체에 대한 혐오와 증오의 감정을 야기할 수밖에 없습니다. 혁명의 성과 덕분에 자유의 공기를 맛보았을 퀴리 부인조차 라부아지에를 죽인 혁명을 용서할 수 없던 것도 어쩌면 당연할지 모릅니다. 이상을 지향한 혁명이 민주주의를 후세에 남기는 한편으로 여러 명의 비참한 희생자를 낳은 것은 어째서일까요. 그 이유를 고찰하는 것이 바로 이 책의 전체적인 주제입니다.

3. 프랑스 혁명과 일본인

지금까지 살펴본 바와 같이 프랑스 혁명은 이 세상의 비참을 없애고 인간의 존엄을 회복한다는 높은 이상을 내세워 100년 후 프랑스에 민주적 공화정을 정착시켰지만, 다른 한편 라부아지에의 처형으로 상징되는 공포정치의 비참한 측면 또한 가지고 있었습니다. 프랑스 혁명은 이른바 두 얼굴을 가졌던 것입니다. 여기에서는 메이지(1868~1912) 이후 일본인의 혁명관을 두 인물의 경우를 들어 알아보겠습니다.

:: 나카에 조민이 본 프랑스 혁명

먼저 나카에 조민中江兆民의 경우입니다. 조민은 프랑스에서 제3공화정이 성립한 직후인 1872년부터 1874년까지 프랑스에 유학하고, 귀국 후에는 루소의 『사회계약론』 번역 등을 통해 자유민권운동에 큰 영향을 준 사람입니다. 루소는 주권이 인민에게 있음을 설파하여 프랑스 혁명의 사상적 원천이 된 인물이므로, '동양의 루소'라고 불렸던 조민은 민주주의 수립에 있어서의 프랑스 혁명의 의의를 잘 이해하고 있었습니다.

특히 그는 민권(국민의 기본적 인권)을 실현하는 데 두 가지 방식이 있다는 사실을 분명히 파악하였습니다. 즉 영국이나 프랑스의 혁명의 경우 아래로부터 인민이 스스로 나서서 민권을 회복한다는 '회복적 민권' 획득이지만, 그 밖의 경우는 위로부터 군주가 민권을 베푸는 '은사적 민권' 부여라고 조민은 말합니다(『나카에 조민 전집』 이와나미서점岩波書店, 제8권, 261쪽). 이 두 가지 방식의 차이는 프랑스 혁명과 메이지 유신의 차이를 생각할 때 매우 중요한 포인트이기 때문에 제4장에서 한 번 더 다루기로 합니다. 그때까지 잘 기억해두세요.

하지만 그 조민도 프랑스 혁명의 비참한 측면에 관해서는 강한 불만과 분노를 느꼈습니다. 예컨대 로베스피에르에 대해서는 '비천무뢰한 백성(천한 불량배)'을 선동하여 권력을 손에 넣고 '혹포酷暴를 남용하며 위형威刑을 정치의 주지로 삼아

나카에 조민(1847~1901)

(잔혹한 폭력을 휘둘러 공포정치를 행하여)……거의 전제군주와 다름이 없어지기에 이른다'라고 서술할 정도입니다(전게서 『나카에 조민 전집』 제8권, 146~148쪽).

조민의 혁명관을 잘 나타낸 사료로 고토쿠 슈스이 幸德秋水가 쓴 『조민 선생님』이라는 글이 있습니다. 고토쿠 슈스이는 후일 메이지 천황 암살을 계획했다는 혐의를 받아 사형에 처해지는 인물로, 젊은 시절 조민의 집에 서생으로 머물며 조민에게 직접 가르침을 받았습니다. 그 슈스이가 조민이 죽은 이듬해 그를 그리워하며 적은 글 속에 다음과 같은 구절이 있습니다.

내(슈스이)가 일찍이 말했듯 프랑스 혁명은 천고의 위업이다. 그러나 나는 그 참담함에 견딜 수 없다. 선생님(조민)께서 이르시기를, 나는 혁명당이다. 하지만 당시 나로 하여금 루이 16세가 교수대 위에 오르는 모습을 보게 하였다면, 나는 반드시 달려가 회수劊手(사형을 집행하는 사람)를 넘어뜨리고 왕을 감싸 안아 도망쳤으리라(전게서 『나카에 조민 전집』 별권, 470쪽).

즉 슈스이와 조민은 모두 프랑스 혁명이 '천고의 위업'임을 인정하면서도, 혁명이 야기한 비참에는 마음 아파하고 분개하였습니다. 조민은 만약 자신이 루이 16세의 처형장에 있었다면 처형 집행인을 밀어 쓰러뜨리고 국왕의 목숨을 구했을 것이라고까지 말합니다.

조민만큼 프랑스 혁명을 잘 이해하고 있던 사람도 혁명의 비참한 측면에 대해서는 노여움을 금치 못했다고 한다면, 일본인 대부분이 혁명을 무언가 꺼림칙한 것처럼 생각한 것도 무리는 아닙니다. 게다가 자유민권운동이 시들해지고 천황을 정점으로 하는 국가 체제가 강화되자 일본에서는 프랑스 혁명에 대한 관심이 희미해져갔습니다. 다만 프랑스 혁명이 높이 내건 이상의 등불은 계속해서 몇몇 일본인의 마음속에서 조용하게, 그러나 확실하게 타오르고 있었습니다.

:: '나아갈 길을 밝히는 등불'

　1988년 3월, 도미즈카 기요시富塚清라는 공학 박사가 94세를 일기로 세상을 떠났습니다. 도미즈카 박사는 일본 항공 엔진의 개척자입니다. 1938년 도쿄東京대학 항공연구소가 제작한 '항연기航研機'라는 비행기가 장거리 비행 세계 신기록을 수립했을 때, 그 엔진을 개발한 사람이 도미즈카 박사였습니다. 박사는 제2차 대전 중에도 과학자다운 합리주의 정신을 유지하며 무모한 전쟁을 계속 비판하였습니다. 그는 전쟁 말기 "일본의 과학 기술은 서양에 비해 현저히 뒤떨어져 도저히 호각으로 싸울 수 없다"라는 반전反戰 연설을 한 탓에 헌병대에 구속되었을 만큼 반골 기질을 가지고 있었습니다. 박사의 죽음을 보도한 신문은 "반골을 관철한 '엔진 전문가'"라는 표제를 붙여 그의 죽음을 애도하였습니다.

　그 도미즈카 박사가 세상을 떠났을 때, 장녀인 레이코れい子 씨는 박사가 보관하고 있던 중학 시절의 서양사 교과서를 꺼내 보고 저도 모르게 눈물지었다고 합니다. 박사는 프랑스 혁명 강의에서 '인간은 자유롭고 평등하게 태어났다'고

배운 내용에 대해 '내가 나아갈 길을 밝히는 등불'이라고 적어놓았던 것입니다(아사히朝日신문, 1988년 3월 18일 석간).

박사의 중학 시절이라고 하면 메이지(1868~1912) 말기입니다. 러일 전쟁에서 승리하고 군사 대국의 길을 내디디려 하던 일본에서 프랑스 혁명은 잊힌 것처럼 보였습니다. 하지만 그 무렵 한 중학교에는 혁명의 이상을 설명하던 교사와, 눈을 빛내며 그 강의를 귀담아듣던 소년이 있었던 것입니다. 프랑스 혁명의 등불은 도미즈카 소년의 생애를 관통한 반골 정신을 뒷받침하며 전시 중에도 꺼지지 않았습니다.

이제까지 우리는 나카에 조민과 도미즈카 박사의 예를 통해 일본인 역시 프랑스 혁명의 위대함과 비참함에 마음이 움직였음을 알았습니다. 프랑스 혁명이 이처럼 위대하고 비참한 두 가지 측면을 가졌던 것은 어째서인지, 그 문제에 대해 조금 더 생각해보도록 합시다.

4. 극약으로서의 프랑스 혁명

:: 첫 번째 가설 : 혁명이분설

프랑스 혁명이 위대한 동시에 비참하다는 두 얼굴을 가졌던 것은 어째서인지, 우리는 대단히 어려운 문제에 직면했습니다. 어려운 문제를 해결하려 할 때 효과적인 방법 중 하나로 특정한 가설을 세워보는 방법이 있습니다. 가설이란 만약 이렇다면 어떨까 설정하고 생각해보는 것입니다. 이를테면 옛날 지구는 우주의 중심에서 움직이지 않는 것이라 여겨졌습니다. 하지만 그렇게만 생각해서는 행성의 복잡한 움직임을 설명할 수 없다는 난문이 발생합니다. 그때 코페르니쿠스는 지구가 태양 주위를 돌고 있다고 생각하면 어떨까 하는 가설을 세웠습니다. 이 가설에 의해 온갖 천체의 움직임이 훌륭하게 해명됐다는 사실은 여러분도 잘 아실 것입니다.

프랑스 혁명의 이 난문에 대해서도 몇 가지 가설이 세워졌습니다. 그중 가장 알기 쉬운 것은 프랑스 혁명을 전반과 후반으로 나누어, 처음에는 좋았으나 나중에 나빠졌다고 보는 가설입니다. 어느 학자는 이 가설 편에 서서, 처음에는 길을 잘 찾아가던 자동차가 도중에 미끄러져 잘못된 길에 빠져든 것과 같다고 보았습니다. 이러한 가설을 여기에서는 혁명이분설革命二分說이라 이름 붙여둡시다. 비참한 유혈을 낳은 공포정치가 1792년에 싹트고, 93년에 본격화한 것을 생각하면 이 설은 매우 지당해 보입니다.

실제 현대의 많은 프랑스인도 이 혁명이분설을 지지하고 있는 듯합니다. 지난 1989년, 프랑스 혁명 200주년을 축하하려는 계획이 마련되자 곧바로 그렇게 많은 피를 흘린 공포정치를 축하할 수 있겠느냐는 반론이 터져 나왔습니다. 그래서 프랑스 혁명 200주년 축하는 오로지 1789년의 '인권선언'만을 대상으로 삼게 됩니다. 혁명 후반의 공포정치를 축하하는 것이 아니라, 혁명 당초의 인권선언을 축하하는 것이라면 괜찮겠지 하는 발상에서였습니다.

그렇지만 이 혁명이분설로는 도저히 설명할 수 없는 것이

너무 많습니다. 예를 들어 위의 '인권선언'에 대해 생각해보기로 합시다. 1789년의 인권선언은 주권이 국민에게 있으며, 국민은 모두 평등한 권리를 가짐을 표명하였습니다. 주권자인 국민의 권리가 평등하다면 당연히 모든 국민이 참정권을 갖는 보통선거가 채용되어야 할 것입니다. 그런데 혁명의 전반에는 일정한 재산을 가진 사람에게만 선거권을 부여하는 제한선거제가 채택되었습니다. 보통선거가 채용된 것은 혁명이 공포정치를 향해 가던 1792년부터 93년에 걸쳐서입니다. 또한 권리의 평등에 반하는 영주의 특권(영주가 농민에게서 연공年貢을 징수하는 권리)이 완전히 폐지된 것도 1793년이 되어서의 일이었습니다. 게다가 기본적 인권의 원리를 강조하며 인권 가운데서도 생존권을 가장 중요하게 보장해야 한다고 주장한 것은 앞서 언급했듯이 공포정치의 리더인 로베스피에르였습니다. 이렇게 되면 전반은 좋았으나 후반에 변질되었다는 혁명이분설은 아무래도 성립하기 어려워집니다.

지금 든 예를 통해서도 알 수 있듯이 1789년 주창되었던 혁명의 원리는 오히려 공포정치가 시작된 93년 들어서 완성되었다고 볼 수 있습니다. 그러니 프랑스 혁명은 둘로 나눌 수 없는 한 덩어리라고 생각하는 편이 좋지 않을까요. 클레망소라는 프랑스의 정치가는 1891년에 "프랑스 혁명은 하나의 블록(덩어리)이다"라고 말했는데, 필자는 이 가설, 즉 혁명블록설이 더 타당하다고 생각합니다.

프랑스 혁명이 한 덩어리의 블록이라고 한다면 혁명의 위대함과 비참함은 그 블록의 두 측면으로서, 이른바 동전의 앞뒷면 같다고 할 수 있습니다. 다만 여러분은 한 덩어리인 혁명이 위대한 동시에 비참하기도 하다는 모순된 현상을 이해하기 힘들 것입니다. 그래서 필자는 이러한 모순된 현상을 설명하기 위해 블록설을 조금 더 발전시켜, 프랑스 혁명은 하나의 극약이었다는 가설을 세워보려 합니다.

극약이란 '머리말'에 적은 것처럼 작용이 강력하여 위험한 약제입니다. 즉 사회를 변혁하는 데 대단히 효과적이면서 위험한 작용도 함께 가진 약제, 그것이 프랑스 혁명이었다고 생각해보는 것은 어떨까요.

가령 지금 암 치료에 사용되고 있는 항암제를 예로 들어봅시다. 항암제는 암세포를 공격하는 동시에 정상적인 세포마저 공격함으로써 구역질, 빈혈, 탈모 등의 극심한 부작용을 일으켜 때로는 환자를 죽음에 이르게 하는 경우도 있습니다. 그런데 이 부작용이라는 말은 인간이 멋대로 그렇게 이름 붙인 것이며, 항암제 입장에서 보면 하나의 작용이 그저 서로 다른 두 가지 현상으로 나타나는 것에 불과합니다. 이와 마찬가지로 프랑스 혁명도 낡은 사회를 변혁하는 위대한 작용을 했던 동시에, 그 작용 자체가 공포정치의 비참함을 불러온 것이라고 생각할 수 있지 않을까요.

혁명이란 극약 같은 것이라는 이 가설이 옳은지에 대한 검증은 다음 장 이하 이 책 전체의 과제입니다. 다만 여기에서는 일단 프랑스 혁명의 두 가지 상징을 예로 들어, 이 가설이 그렇게 엉뚱한 것은 아니라는 사실을 설명하고자 합니다.

:: 라 마르세예즈

여러분은 프랑스의 국가國歌 라 마르세예즈를 들어보신 적이 있나요. 이 노래는 1792년, 혁명을 타도하기 위해 침입해온 적군에 맞서 출진하던 의용병이 부르기 시작한 것으로 이른바 프랑스 혁명의 상징입니다. 이 노래는 1795년에 국가가 되었다가 혁명 후 왕정복고로 폐지되지만, 제3공화정 하에서 1879년 다시 국가로 제정되어 오늘에 이르고 있습니다. 이 혁명의 노래는 단순히 프랑스의 국가로서만이 아니라 자유를 위한 투쟁의 노래로서 국경을 초월하여 널리 사랑받아왔습니다.

1942년에 개봉된 미국 영화 「카사블랑카」는 많은 사람들이 기억하고 있을 것입니다. 대전 중의 북아프리카 카사블랑카를 무대로 사랑과 레지스탕스(나치스에 대한 저항운동)를 엮어낸 이야기입니다. 그 영화의 클라이맥스 중 한 장면은 이렇습니다. 나치스의 손아귀를 피해 유럽 각지에서 카사블랑카로 도망쳐온 사람들이 술집에 모여 있는데, 주둔하던 독일군 무리가 나치스의 노래를 합창하기 시작합니다. 그것을 보고 잠행 중인 레지스탕스 투사가 "라 마르세예즈를!"이라고 신호하자, 술집 악단의 연주에 맞춰 국적도 가지각색인 손님들이 일제히 라 마르세예즈를 소리 높여 부르면서 나치스의 노랫소리를 덮어버립니다.

이처럼 프랑스 혁명의 노래 라 마르세예즈는 전 세계에서 자유와 해방의 노래로서 애창되고 있습니다. 하지만 그 가사를 보면 무척이나 참혹합니다.

일어나자 조국의 건아들아, 영광의 날이 왔도다!
우리를 적대하는 폭군의, 피로 물든 깃발이 나부낀다.
그대는 들리지 않는가,
산과 들에서 적병들이 외치는 소리가?
우리 형제자매를 죽이기 위해 놈들이 닥쳐온다!
무기를 들어라 시민들이여! 대오를 지어 전진하자!
적의 더러운 피로 우리 밭이랑을 적시자!

자유를 위한 싸움의 노래는 동시에 혁명에 적대하는 자를 전부 죽이라는 증오의 노래이기도 합니다. 그래서 최근 프랑스에서는 이런 피비린내 나는 노래는 지금과 같은 유럽연합EU 시대에 국가로서 적합하지 않다는 의견이 유력해졌을 정도입니다. 여기에서는 자유를 추구한 혁명이 동시에 혁명의 적에 대한 증오를 불러일으켰다는 점에 주목해둡시다.

그 적에 대한 증오란 것이 외적뿐만 아니라 국내의 적에게로 향할 경우에는 어떻게 될까요. 그렇지요, 바로 기요틴이라는 형태로 나타납니다. 라 마르세예즈와 기요틴은 뜻밖에 가까이 있던 것입니다. 아니, 더 정확하게는 한 가지 정열의 앞뒷면이었습니다.

:: 기요틴

기요틴은 여러분도 잘 아는 단두대로, 이른바 공포정치의 상징입니다. 파리의 혁명 광장(지금의 콩코르드 광장)에 설치된 기요틴에서는 국왕 루이 16세와 왕비 마리 앙투아네트를 비롯하여, 라부아지에와 같은 죄 없는 희생자도 많이 처형되었습니다. 1793년 말 프랑스 중부의 물랭이라는 도시에 설치된 기요틴에는 다음과 같은 글귀가 적혀 있었습니다.

> 아리스토크라트여, 부자여, 에고이스트여, 인민을 굶
> 주리게 하는 자여, 이에 전율하라! 우리의 칼날은 쉼이 없
> 으리라.

아리스토크라트란 귀족을 비롯하여 민주주의에 반대하는
자라는 의미이고, 에고이스트란 자신의 이익만을 탐하는 자
라는 의미이니, 이 글귀는 요컨대 혁명을 방해하는 자는 모
두 없애버리겠다는 뜻입니다. 본래 혁명이라는 것은 이전까
지의 사회를 뒤집자는 운동이므로 국내에도 그에 반대하는
사람들이 많이 나타나는 것은 어찌 보면 당연합니다. 게다
가 나중에 제4장에서 서술하겠지만 혁명을 어떤 식으로 진
행하느냐 하는 문제를 둘러싸고 혁명파 내부에서도 격렬한
다툼이 벌어졌습니다. 기요틴은 혁명을 철저히 추진하려던
사람들이 반대파를 몰살하기 위해 사용한 가공할 무기였습
니다. '적의 더러운 피로 우리 밭이랑을 적시자'라는 노래 라
마르세예즈가 국내의 적을 겨냥했을 때 이 기요틴의 글귀와

같이 되었을 것입니다.

라 마르세예즈는 국외의 적에 대한 프랑스 국민의 단결을 호소합니다. 혁명에 의해 새로 태어난 공화국의 주요 표어 중 하나는 '단일불가분單一不可分의 공화국' 즉 국민의 통일과 단결이었습니다. 그러나 혁명의 적에 대한 증오는 국내에서 기요틴으로 상징되는 국민 간의 깊은 균열을 야기했던 것입니다. 그 균열은 그 후 오랜 세월, 어쩌면 오늘날까지도 회복되지 않을 만큼 깊은 상처를 남겼습니다. 프랑스 혁명은 자유를 위한 투쟁이라는 위대한 사업이었던 동시에 그 투쟁 자체가 기요틴의 심각한 비참함을 낳았다고 할 수 있습니다.

라 마르세예즈의 밝은 노랫소리 이면에 비참한 기요틴이 있었다고 한다면, 위대함과 비참함을 함께 가진 이 프랑스 혁명을 하나의 극약에 비유하는 것도 괜찮지 않을까요. 이제부터 우리는 프랑스 혁명이 하나의 극약이었다는 가설을 검증하기 위하여 프랑스에서는 왜 극약이 사용되었는가(제2장), 극약은 어떤 효과를 올렸는가(제3장), 극약의 고통에 대해 생각하다(제4장)의 순서로 구체적인 검토를 하려 합니다. 이를 염두에 두고 계속 읽어주세요.

제2장
프랑스에서는
왜 극약이 사용되었는가

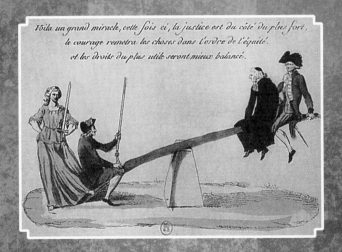

Voila un grand miracle, cette fois ci, la justice est du côté du plus fort,
le courage remettra les choses dans l'ordre de l'équité,
et les droits du plus utile seront mieux balancé.

구체제의 세 신분을 풍자한 그림

제3신분인 평민 측(좌)에 정의의 여신이 함께하여,
우측의 성직자와 귀족에게 승리함을 묘사한 것.

1. 구체제의 정체

프랑스 혁명이든 메이지 유신이든 역사상 커다란 변혁이 일어나는 것은 옛 체제가 정체되어 무언가 새로운 대책이 필요해지기 때문입니다. 그 경우 대책으로서 극약을 사용하게 되는 원인은 첫 번째로 옛 체제의 심각한 정체로 인한 소위 증상의 악화, 두 번째로 옛 체제의 철저한 변혁을 추구하며 극약을 복용하고자 하는 사람들의 변혁 주도, 이 두 가지를 들 수 있습니다. 이 절에서는 그중 첫 번째 원인에 대해 생각해보려고 합니다.

:: 막다른 길에 몰린 프랑스

우선 넓은 시야로 프랑스의 입장을 살펴봅시다.

16세기부터 18세기에 걸쳐 유럽 열강은 신대륙 및 동양에서의 무역 패권과 식민지 획득을 둘러싸고 격렬한 싸움을 전개합니다. 16세기에는 포르투갈과 스페인이, 17세기에는 네덜란드가 우세하였습니다. 그 사이 영국은 먼저 스페인의 '무적함대'를 격파하고 뒤이어 네덜란드와의 전쟁에도 승리하여, 17세기 말에는 신대륙은 물론 인도에서도 차츰 우위를 점하게 됩니다. 프랑스도 가만히 있지는 않았습니다. 17세기 후반, 태양왕이라 불린 루이 14세 치세의 재무총감 콜베르는 수출 중심 상품의 생산을 보호·육성하는 한편 해군력을 강화하여 네덜란드와 영국에 대항하는 데 힘썼습니다. 18세기 들어 네덜란드가 쇠퇴하자 동서 양쪽 바다에서 패권을 다툰 것은 영국과 프랑스였습니다.

18세기 유럽에서는 여러 나라의 복잡한 이해가 얽혀 스페인 계승 전쟁, 오스트리아 계승 전쟁, 7년 전쟁 등의 전쟁이 일어납니다. 이들 전쟁을 벌이는 동안 영국과 프랑스는 항상 적대하며 서로의 식민지를 놓고 신대륙과 인도에서 격렬하게 싸웠는데, 서서히 프랑스의 열세가 명확해졌습니다. 특히 7년 전쟁(1756~1763) 때 영국은 인도의 플라시에서 프랑스군을 물리치고 인도의 지배권을 굳혔으며, 북아메리카에서도 프랑스 식민지의 중심이던 퀘벡을 점령하여 프랑스 세력을 거의 일소하였습니다.

결국 18세기 말 영국은 세계의 무역 패권과 식민지 쟁탈을 둘러싼 싸움에서 우위를 점하게 됩니다. 그리고 이 우위에 힘입어 영국에서는 1760년대 무렵부터 산업혁명이 전개되기 시작했습니다. 영국 산업혁명의 전개는 프랑스에 커다란 위협이었습니다. 왜냐하면 산업혁명을 통해 바다 건너 영국의 경제력이 한층 증대된다는 것은 프랑스가 경제적 후진국의 지위로 전락함을 의미했기 때문입니다. 프랑스 혁명은 이러한 전락 위기에 몰린 프랑스가 그 위기를 극복하기 위해 국내의 낡은 체제 변혁을 단행한 것이라 할 수 있습니다.

:: '전쟁의 위험을 무릅쓰는 편이 낫다'

프랑스의 경제적 후진국 전락 위기는 1786년의 영불통상조약에 의해 더욱 임박해졌습니다. 이 통상조약은 영국과 프랑스 양국이 이제까지의 싸움을 멈추고 상호 간에 관세를 인하하여 무역을 자유화함으로써 쌍방의 이익을 꾀하자는 것이었습니다. 그러나 이미 산업혁명을 진행하고 있던 영국은 공업력에서 프랑스를 능가했기 때문에, 무역 자유화는 영국의 값싸고 질 좋은 공업 제품이 프랑스 국내에 대량으로 유입되어 그에 압도된 프랑스의 공업이 큰 타격을 받는 결과로 이어졌습니다. 이 결과를 보고 프랑스에서는 심각한 위기감이 대두합니다.

1789년 봄, 프랑스에서는 전국삼부회全國三部會라는 신분별 의회가 개최되었습니다. 이것은 제1신분 성직자, 제2신분 귀족, 제3신분 평민으로 이루어진 세 신분의 대표자가 전국에서 모여들어 여는 의회를 말합니다. 그래서 프랑스 전토에서는 선거구별, 신분별로 의원을 선출하기 위한 집회가 열렸습니다. 그 집회에서는 의원 선출과 함께 각 신분의 불만과 요구를 열거한 '진정서'를 작성하였고, 당선된 의원이 그 진정서를 전국삼부회에 지참하도록 되어 있었습니다. 따라서 이 진정서에는 혁명 직전 프랑스 각 신분에 속한 사람들의 불평과 불만이 생생하게 기록되어 있습니다. 영불통상조약에 대한 진정서의 목소리를 들어봅시다.

귀족층은 두려움에 떨고 있었습니다. 동부 프랑스 생미엘이라는 선거구의 귀족층 진정서는 이렇게 말합니다.

사람들은 영국과의 통상조약이 우리에게 큰 손해라고 주장하지만, 만약 전국삼부회에서 이 통상조약의 파기가 제안된다면 우리들의 의원은 그 제안에 반대해야 한다. 왜냐하면 조약의 파기는 전쟁을 야기할 것이고, 전쟁이 일어날 경우 이 조약이 가져오는 손해보다도 훨씬 커다란 손해가 우리 나라와 우리 상업 전체에 닥쳐올 것이기 때문이다.

하지만 제3신분(평민)은 단호한 결의를 표명합니다. 파리 남쪽 에탕프라는 도시에서는 60명 이상의 노동자를 고용한 가죽 제조업자이자 상인으로, 시모노라는 이름을 가진 부유한 상공업자(부르주아)가 중심이 되어 다음과 같은 진정서를 작성하였습니다.

영불통상조약이 체결된 이래 우리 나라의 제조업은 영국과의 경쟁에 패배하여 현저히 쇠퇴했다. 이 조약으로 인한 손해는 이미 막대하다. ……사람들은 이 조약을 파기하면 승산 없는 전쟁에 내몰릴 것이라 두려워한다. ……그러나 우리를 파멸시키는 이 조약 때문에 나라가 쇠망하는 것보다야 차라리 전쟁의 위험을 무릅쓰는 편이 훨씬 낫지 않겠는가.

이처럼 절박한 위기감이 프랑스 혁명의 배경을 이루고 있던 것입니다. 다만 이 위기 앞에서 사람들은 단순히 전쟁을 겁내지 말라고 큰소리만 친 것은 아닙니다. 지금 살펴본 에탕프 시의 진정서는 계속해서 이렇게 이야기합니다. '국내에서의 상거래가 완전히 자유로워지도록 온갖 국내 관세를 철폐해야 한다.' 즉 시모노와 같이 부유한 부르주아는 영국으로부터 국내 산업을 보호하도록 요구하는 한편, 국내 상품 유통의 완전한 자유를 실현하기 위한 국내의 체제 변혁을 추구하였습니다. 프랑스가 영국에 뒤처진 것은 국내의 낡은 체제(구체제)가 원인이라는 사실을 그들은 잘 알고 있었기 때문입니다.

일반적으로 구체제(앙시앵 레짐)라 불리는 혁명 전 프랑스의 체제는 대략 세 가지 특징을 가지고 있었습니다. 그 첫 번째는 국민들 사이에 신분 차별이 존재했다는 것(신분제), 두 번째는 영주가 각종 세금을 징수했다는 것(영주제), 그리고 세 번째는 국가를 통치하는 권력이 국왕에게 집중되어 있었다는 것(절대왕정)입니다.

신분제 아래에서는 앞서 언급한 세 신분의 구별이 있어, 성직자와 귀족에게 세금 면제 등의 특권이 주어졌으며 평민만이 무거운 세금을 짊어졌습니다. 그런데 성직자 가운데 지위가 높은 자는 귀족 출신이고 지위가 낮은 자는 평민 출신이었으므로, 결국 고위 성직자를 비롯한 귀족과 인구의 98%를 차지하는 평민 사이에는 태어날 때부터 차별이 존재했던 것입니다. 그리고 귀족 대부분은 자신의 소령所領(영지)을 가지고, 그 소령의 영주로서 농민에게 연공을 징수하거나 상품 생산과 유통에 무거운 세금을 부과할 권리(영주적 제 권리)를 누리고 있었습니다. 요컨대 신분제와 영주제는 전적으로 귀족에게만 유리한 특권을 부여하는 제도였습니다.

귀족이 이러한 특권을 가지고 있던 것은 중세 제도의 흔적입니다. 중세에 귀족은 '싸우는 사람=기사'로서 '일하는 사람=평민'을 보호할 의무가 있었으며, 보유한 영지의 치안 유지와 공공사업 등 행정을 담당했기 때문에 그 대가로 면세 특권과 조세 징수권을 인정받았습니다. 하지만 기사가 활약하는 시대는 끝난 지 오래였고, 16세기 이후로 전국의 사법과 행정 업무는 점차 국왕의 손에 집중됩니다. 국가를 통치하는 권력이 국왕에게 집중된 절대왕정하에서는 국왕이 지휘하는 군대와 관료가 중세에 귀족이 담당하던 소임을 이어받았으므로, 귀족의 제 권리는 그 근거를 완전히 상실하였습니다.

그러나 절대왕정은 귀족의 평민 지배를 기초로 국내 질서를 유지하려 했기 때문에 신분제와 영주제를 그대로 용인하고 있었습니다. 즉 중세의 유물이 근거를 상실하면서도 존속하고 있던 것입니다. 따라서 평민들 입장에서 신분제와 영주제에 입각한 귀족의 제 권리는 부당한 '착취'에 불과했습니다. 가령 1765년에 디에프라는 항구도시의 평민은 그 도시의 영주가 생선 양륙과 각종 상품 유통에 무거운 세금을 물리는 데 항의하여 이렇게 말합니다.

> 어떤 조세도 이유 없이 징수되어서는 안 되며, 조세의 납부는 그 납부액에 상응할 만한 대가를 돌려받는다는 합의에 의거해야 한다. ……아무런 근거도 없는 조세는 부당한 수탈에 지나지 않는다.

프랑스 혁명은 이러한 '부당한 수탈'을 폐지하고자 일어났던 것입니다.

:: 상처 입은 긍지

구체제하의 프랑스에서 귀족의 여러 권리가 '부당한 수탈'이라 간주되었다고 해도 그것만으로 갑자기 혁명이 일어나지는 않습니다. 사람들이 혁명이라는 극약을 사용해서라도 구체제를 무너뜨리겠다고 결의하는 것은 인간으로서의 긍지에 상처를 입어 더 이상 참을 수 없게 되었을 때입니다.

혁명 초기의 지도자 중 하나로 바르나브라는 인물이 있습니다. 혁명 전 어느 날, 그의 어머니는 그르노블의 극장 관람석에서 연극 구경을 하다가 나중에 온 귀족에게 자리를 빼앗기고 말았습니다. 만석인 극장에서 어머니가 이런 굴욕을 당했다는 사실을 알았을 때 바르나브는 혁명가가 되었습니다.

바르나브(1761~1793)

여성의 몸으로 지롱드파라는 당파의 지도자 중 하나가 되는 롤랑 부인은 소녀 시절에 어머니를 따라 퐁트네의 한 귀족 성관을 방문하였는데, 손님인데도 불구하고 부엌에서 식사를 하는 취급을 받았습니다. 어머니와 함께 부엌에서 밥을 먹으면서 롤랑 부인의 마음에는 이러한 구체제를 절대 용서할 수 없

롤랑 부인(1754~1793)

다는 의지가 싹트게 됩니다.

로베스피에르는 어머니를 여의고 아버지도 실종되면서 6살의 나이에 고아나 다름없어지지만, 장학생으로서 학업에 힘써 고향 아라스에서 변호사가 되었습니다. 그러던 중 성직자에게 도둑질을 이유로 고발당한 남자의 변호를 맡게 되고 놀랍니다. 그 성직자는 남자의 여동생을 유혹하려다 거절당한 앙갚음으로 오빠에게 누명을 씌웠던 것입니다. 이와 같은 사건을 접하면서 로베스피에르는 까닭 없이 학대받는 인간의 권리를 지키는 것이야말로 자신의 사명이라고 믿게 됩니다.

인간의 존엄을 상처 입히는 구체제에 대해 항의의 목소리를 낸 것은 물론 이들 지도자들만이 아닙니다. 이름 없는 민중과 농민도 함께 부르짖었습니다. 서부 프랑스의 비트리에 드 생메크상이라는 마을에서 1789년에 작성된 진정서는 다음과 같이 기록되어 있습니다.

우리는 지금 인간성(위마니테)의 이름을 걸고 몇 가지 봉건적 권리의 폐지를 요구한다. 그 봉건적 권리들은 무려

몇백 년에 걸친 야만의 시대에 사람들의 무지를 이용하여, 오래된 성관을 가진 잔인하고 오만한 귀족들이 보유해온 것이다. 지금 자신의 마을과 도시와 주의 대표자를 투표로 선출한다는 명예를 얻은 우리는 그러한 명예 있는 인간으로서 더 이상 어리석고 비굴한 태도를 취할 생각이 없다. 다시 말해 우리는 이제, ……성관의 낡은 문 앞에 무릎 꿇고 더럽게 녹슨 문짝의 쇠 장식에 공손히 입을 맞추는 굴욕적인 태도를 강요당하는 것은 참을 수 없다.

앞에서 살펴본 바와 같이 부유한 부르주아는 영국에 대항하기 위해 프랑스 국내의 변혁이 필요하다고 느끼고 있었습니다. 그리고 지금 보았듯이 두메산골의 농민조차 이제는 '인간성의 이름을 걸고' 영주에게 꿇어 엎드리기를 거부하게 되었습니다. 이처럼 18세기 말의 프랑스에서 혁명이라는 극약이 사용되기에 이른 것은, 구체제의 정체가 심각하여 국제적으로는 영국에 쫓기는 한편 국내에서는 인간으로서의 긍지를 상처 입은 사람들이 더 이상 참을 수 없다고 느끼게 되었기 때문입니다.

2. 부르주아의 입장

앞 절의 첫머리에 적은 것처럼 프랑스에서 극약이 사용되기에 이른 원인으로는 첫째, 구체제의 증상이 악화되어 있던 것, 둘째, 구체제를 타파하기 위해 극약을 복용하자는 사람들이 혁명을 주도한 것을 들 수 있습니다. 앞 절에서는 첫 번째 원인을 살펴보았으니 이 절과 다음 절에서는 두 번째 원인에 대해 생각해봅시다. 그를 위해서는 우선 혁명의 주도 세력에 두 사회층이 있었다는 사실을 염두에 두어야 합니다.

:: 두 개의 사회층

지금까지 필자가 서술한 것을 주의 깊게 읽은 여러분이라면 구체제의 타파를 추구한 혁명의 주도 세력에 두 개의 사회층이 있었다는 사실을 눈치챘을 것입니다. 그중 하나는 에탕프 시 진정서 작성의 중심인물이었던 시모노와 같은 부유한 부르주아이며, 다른 하나는 영주에게 꿇어 엎드리기를 거부한 비트리에 드 생메크상 마을의 주민 같은 가난한 민중과 농민입니다. 이 두 개의 사회층은 모두 제3신분에 속하여 귀족의 지배를 타파하고 싶어 하는 점에서는 공통된 입장에 서 있었습니다.

그러나 이 두 개의 사회층은 서로 사이가 아주 나빴습니다. 에탕프 시의 시모노는 혁명 중에 시장이 되는데, 이 시의 민중과 근처 농민들이 생활을 지키기 위해 폭동을 일으켰을 때 이를 진압하려다 민중에게 살해당하고 맙니다(이 사건의 전말은 제4장에서 설명하겠습니다). 또한 여러분은 제1장에서 언급한 물랭 시 기요틴의 글귀를 기억하시나요. 거기에는 '아리스토크라트여, 부자여, 에고이스트여, 인민을 굶주리게 하는 자여, 이에 전율하라!'라고 적혀 있었지요. 기요틴 같은 극약의 사용을 주장한 것은 가난한 민중과 농민으로, 그들에게는 부유한 부르주아 또한 적이었던 것입니다.

그렇다면 이 두 개의 사회층은 각각 어떻게 다른 입장에서서 혁명에 등장하였을까요. 여기에서는 먼저 부르주아의 입장을 알아보고자 합니다.

:: 자본주의에 적합한 사회

18세기 프랑스에서는 상공업의 발전과 더불어 부유한 부르주아의 성장이 두드러졌습니다. 부르주아란 본래 도시에 사는 도시민이라는 의미로, 제3신분 가운데 부자와 지식인을 가리킵니다. 그 정점에는 무역업자와 금융업자가 있었고, 이어서 대규모 상업이나 제조업을 경영하는 부유한 상공업자, 재산에서 나오는 지대地代와 이자로 생활하는 사람, 변호사나 의사나 문필가 같은 전문직 지식인, 많은 수의 직인職人을 두고 있는 수공업 장인 등이 여기에 포함됩니다. 농민 가운데서도 농업 노동자를 고용하여 대규모 농업 경영을 하는 부농은 농촌의 부르주아라 불렸습니다. 혁명 지도자 중에는 변호사 등 법률가 출신이 많았는데, 그것은 그들이 부르주아 가운데서도 지식인으로 계몽사상의 영향을 받을 기회가 많았기 때문입니다. 지롱드파의 지도자 중에는 이스나르라는 의원처럼 대상인 출신으로 견직물과 비누 제조업을 경영하던 순수한 대상공업자도 있었습니다. 앞에서 언급한 롤랑 부인의 아버지는 15명 정도의 직인을 고용하고 있던 제판 공방의 장인이었다고 하니, 그녀는 검소한 부르주아 가정에서 자란 셈입니다.

부르주아의 중핵을 이루는 상공업자는 상당수의 노동자와 직인을 고용하여 자본주의라는 새로운 경제 시스템을 추진하는 입장에 서 있었습니다. 자본주의가 발전하는 데 필요한 조건은 상품의 생산과 유통의 자유가 보장되고, 자본을 비롯한 재산의 소유권이 보호되며, 상품의 소유자가 상호 간 평등한 입장에서 상품을 교환할 수 있게 되는 것입니다. 한마디로 말해 부르주아가 추구한 것은 자유와 소유와 권리의 평등이었습니다. 구체제하에서 상품의 생산과 유통에 영주가 무거운 세금을 부과하거나, 귀족은 면세받고 평민만이 중세를 떠안았던 것은 부르주아에게 있어 자본주의 발전의 중대한 장해였습니다. 따라서 부르주아는 자본이라는 새로운 부의 형태에 어울리는 사회를 실현하기 위하여 구체제를 변혁하고 스스로 권력을 잡으려 했던 것입니다.

앞서 언급한 바르나브는 혁명 중에 『프랑스 혁명 서론』이 라는 원고를 집필하여, 이와 같은 부르주아의 입장을 분명 히 나타냈습니다. 그는 이렇게 적고 있습니다.

상공업이 인민 속에 침투하여 근면한 계급에게 힘을 실어줌으로써 부의 새로운 수단을 만들어내면, 정치 체제 면에서도 하나의 혁명이 준비된다. 부의 새로운 분배는 권력의 새로운 분배를 가져온다. 토지의 영유가 귀족의 지배를 낳았던 것처럼 산업에 근거한 소유는 인민의 권력 (부르주아의 권력을 말함)을 창출하게 될 것이다.

이렇게 그는 '부의 새로운 분배가 권력의 새로운 분배를 가져온다는 사실', 즉 자본주의의 성장이 부르주아의 권력 획득을 가져온다는 사실을 날카롭게 꿰뚫어보고 있었습니 다. 실제 프랑스 혁명은 결과적으로 부르주아의 이해에 따 라 자본주의가 발전하기에 적합한 사회를 만들어내므로, 그 의 통찰은 매우 정확했다고 할 수 있습니다.

그렇다면 부르주아는 독자적인 힘으로 혁명을 주도할 수 있었을까요. 사실 그러지 못했습니다. 왜냐하면 구체제에는 부유한 부르주아를 체제 내부로 끌어들이는 장치가 갖춰져 있어, 부르주아는 부유해지면 질수록 구체제가 내미는 미끼에 유혹당해 그 속으로 편입되어 가버렸기 때문입니다.

앞에서 필자는 귀족과 평민 사이에 태생적인 차별이 존재했다고 말했지만, 사실 평민으로 태어나도 귀족이 될 수 있는 통로가 몇 가지 준비되어 있었습니다. 그 통로 중 가장 핵심적인 것은 관직을 살 수 있는 독특한 장치였습니다. 가령 평민이라도 법률을 공부하고 돈을 모아 고등법원(각 지방마다 있는 최고재판소) 등의 사법관 관직을 구입하면, 그 관직에 부수되어 귀족 칭호가 주어지게 됩니다. 그래서 부유한 부르주아는 돈의 힘으로 귀족 신분에 오르려고 애를 썼습니다.

농촌의 부르주아도 마찬가지였습니다. 부유한 농민은 영주의 소유지를 빌려 때로는 50헥타르에서 100헥타르에 이르는 광대한 농장을 경영하는 한편, 영주 대신 조세를 징수하는 경우가 많았습니다. 즉 농업 자본가인 부농이 영주의 대리인을 겸했던 것입니다. 이렇게 도시는 물론 농촌에서도 부르주아는 특권의 유혹에 끌려 쉽사리 구체제 속으로 편입되었습니다.

혁명 전야에 시에예스는 『제3신분이란 무엇인가』라는 저서를 발표하였습니다. 이 책은 귀족의 특권을 공격하고 제3신분이야말로 진정한 국민임을 설파하는 내용으로 유명합니다. 그런데 이 책에서 그는 제3신분의 상층부, 즉 부르주아가 구체제에 편입되는 것을 걱정하며 이렇게 서술하고 있습니다.

특권을 갖지 않는 신분 가운데 재능이 풍부하여 그 신분의 이익을 옹호하는 데 적격일 터인 사람들은 사실 귀족 계급에 대해 맹목적이거나 강압적인 존경을 바치도록 교육받은 모양이다. ……제3신분 중 가장 유능한 부류는 자신이 원하는 것을 손에 넣기 위하여, 권력자들에게 아첨하고 봉사하도록 유도되고 있다. ……따라서 국민 가운데 이처럼 애처로운 부류는 이른바 커다란 대기실을 구성하고 있는 것이나 다름없는데, 그들은 그 대기실에서 주인님들의 말씀과 행동에 끊임없이 주의를 기울이며 과실을 얻을 수 있다면 무엇이든 희생할 각오로 기다린다. ……귀족 지배를 가장 대담하게 옹호하는 자들은 제3신분 내부에 있을 것이다.

여기서 시에예스가 걱정하던 바와 같이 부르주아는 귀족 신분으로 상승하여 특권의 부스러기를 취하려 하였습니다. 왜 이렇게 되었을까요. 그 원인은 몇 가지 존재합니다. 귀족 칭호를 얻음으로써 사회적 위신이 높아지는 풍조도 그 원인 중 하나일 것입니다. 하지만 가장 큰 원인은 프랑스 상공업의 성장이 주춤한 상태였다는 점이었습니다. 예를 들어 18세기 프랑스의 무역을 살펴보면 무역 총액 신장률은 영국에 뒤지지 않을 정도였으나, 무역의 내용적인 측면에서는 자국의 공업 제품 수출이 침체되고, 서인도(카리브 해의 섬들)에서 수입한 설탕과 커피를 그대로 유럽 각국에 재수출하는 중계무역에 의존하는 경향이 뚜렷했습니다. 요컨대 국내에서는 구체제가 방해하고 국제적 상업전에서는 열세였기 때문에 프랑스의 상공업 발전에는 이른바 한계가 있었습니다. 그래서 부르주아는 상공업자로서 사업을 확장하기보다 수중에 넣은 돈으로 토지를 사들여 지주가 되거나 관직을 매입해 귀족이 되었던 것입니다.

이 점에서 영국과 프랑스는 대조적이었습니다. 영국에서는 16세기 이래 젠트리(지방의 지주로 귀족에 준하는 지위를 가진 사회층)가 농업 경영과 상공업에 활발히 진출하여 이른바 '귀족의 부르주아화'가 진행되었지만, 프랑스에서는 반대로 '부르주아의 귀족화'가 발생하였습니다. 이러한 영국과 프랑스의 차이가 17세기 영국 혁명과 18세기 프랑스 혁명의 차이로 이어지므로, 이 내용은 제4장에서 다시 한 번 다루도록 합니다. 아무튼 귀족화를 바란 부르주아는 스스로 일어서 독자의 힘으로 혁명을 일으킬 입장은 아니었던 것입니다.

:: 부르주아의 본질과 외관

이쯤에서 여러분은 대체 부르주아가 어떤 입장에 서 있

었는지 헷갈리실 것입니다. 앞에서 필자는 상공업을 담당한 부르주아가 자본주의의 발전을 저해하는 구체제를 쓰러뜨리고 스스로 권력을 쥐려 했다고 보았습니다. 그리고 이번에는 그 부르주아가 특권의 유혹에 넘어가 구체제 속으로 편입되었다고 서술하였습니다. 어느 쪽이 진짜인지 여러분이 의문을 느끼는 것은 당연합니다. 부르주아는 '혁명적'이었는가 아닌가 하는 문제를 둘러싸고 많은 학자들이 논의하였으나, 아직 결론이 나지 않은 상태입니다. 여기에서는 이 문제에 대한 필자의 생각을 이야기해보겠습니다.

이 문제는 서커스단의 호랑이가 맹수인가 아닌가 묻는 것과 비슷하다고 생각합니다. 호랑이는 본질적으로 맹수입니다. 하지만 오랫동안 인간에게 길들여지는 사이 온순히 재주를 부리게 되지요. 부르주아도 본질적으로는 자본주의의 발전을 배경으로 구체제를 쓰러뜨리려 하는 맹수입니다. 바르나브는 부르주아의 이러한 본질을 날카롭게 꿰뚫고 있었습니다. 그러나 구체제라는 우리 안에서 특권이라는 먹이가 흔들리는 것을 보는 사이, 이 호랑이는 온순한 외관을 보이게 되었습니다. 시에예스는 이 호랑이에게 그렇게 영원히

고분고분한 채로 괜찮냐고 경고를 보낸 것입니다. 우리는 구체제하의 부르주아가 본질적으로는 혁명적이면서 혁명적이지 않은 외관을 보인다고 하는 그 본질과 외관을 제대로 분별해야 합니다.

따라서 다음에 살펴볼 문제는 우리 안에서 길들여진 호랑이가 무언가를 계기로 야성을 되찾아 우리를 부수듯이 부르주아도 역시 맹수로 돌아갈 것인가, 만약 돌아간다면 그 계기는 무엇인가 하는 문제입니다. 답을 먼저 말하자면 1789년, 부르주아는 맹수로 돌아가 혁명을 주도하였습니다. 그렇게 된 계기는 세 가지 있었습니다. 첫 번째 계기는 영국에 내몰려 심각한 위기감을 품은 것으로, 이에 대해서는 이미 설명했습니다. 두 번째 계기는 귀족이 부르주아를 배척하려 한 것이며, 세 번째 계기는 민중과 농민이 봉기한 것입니다.

두 번째 계기에 대해 살펴봅시다. 구체제 말기에 '귀족의 반동'이라 불리는 현상이 나타나 귀족이 부르주아의 입궁을 저지하려 했으므로, 이를 계기로 부르주아는 구체제 타파를 결심합니다. 혁명 초기에 활약한 르 샤플리에라는 의원이 있습니다. 그의 가계는 대대로 렌의 고등법원에 소속된 변호사로서, 그의 아버지는 1779년 경사스럽게도 귀족이 되었습니다. 그래서 그는 전국삼부회 의원 선거 때 귀족 신분 의원이 되려 하였으나, 이런 신참자는 어엿한 귀족이라 할 수 없다며 거부당해 제3신분 의원이 됩니다. 그는 구체제 파괴에 크게 공헌하는데, 이는 그가 귀족으로부터 배척당했기 때문이라고 할 수 있을 것입니다.

세 번째는 1789년에 전국 각지에서 민중과 농민이 봉기하여, 이를 방치하면 자신들의 재산도 위험하다고 생각한 부르주아가 봉기를 진정시키기 위해 구체제 타파에 나섰다는 것입니다. 혁명의 주도 세력에 두 개의 사회층이 있었다고 앞서 언급했던 것을 떠올려보세요. 그 두 개의 사회층 가운데 부르주아에 대해서는 이미 설명했습니다. 그러니 이번에는 부르주아와는 다른 입장에서 혁명의 주도 세력으로 등장한 민중과 농민에 대해 살펴보도록 합시다.

3. 부담을 떠안은 민중과 농민

제3신분(평민) 가운데 부르주아를 제외한 나머지가 도시의
민중과 농촌의 농민입니다. 이 민중과 농민은 혁명 직전 총
인구(약 2,700만)의 7할 이상을 차지했습니다(77쪽의 인구 구성표를 참
조). 그들은 부르주아와 달리 소규모 작업장이나 얼마 안 되
는 토지 말고는 재산이라고 할 만한 것을 갖지 못한 채, 구
체제의 '부담'을 한 몸에 짊어지고 점차 빈곤화하던 사회층
이었습니다.

:: 도시 민중의 상태

먼저 '민중'이라는 사회층은 파리를 비롯한 도시의 주민
가운데, 부르주아에 속하지 않는 사람들입니다. 즉 구둣방
이나 옷가게 등의 독립된 작은 작업장의 주인, 가구나 일용

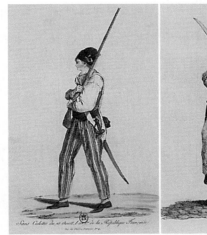

무장한 상퀼로트 남녀

품을 만드는 수공업 장인 밑에서 일하는 직인과 도제徒弟, 소
매상 점주와 그곳의 종업원, 상품을 메고 다니며 파는 봇짐
장수, 커다란 제조소(매뉴팩처)나 건축업 등에 고용된 노동자,
하인이라고도 부르는 가사 고용인, 그리고 밑바닥의 일정한
직업이 없는 날품팔이 빈민 등이 포함됩니다. 파리에서는
인구(약 65만)의 절반 이상이 이러한 민중이었습니다.

　도시 민중과 부르주아 하층 사이의 경계는 그다지 뚜렷하
지 않습니다. 수공업 장인 등은 하층 부르주아에 속하지만,

직인이나 도제와 함께 일하여 민중과의 연대감이 있었기 때문에 민중운동에도 참가합니다. 혁명기에 '상퀼로트'라 불리며 민중운동의 주체가 된 것은 이러한 하층 부르주아와 일반 민중의 연합체입니다. 이 연합체는 파리의 경우 인구의 4분의 3 이상을 차지한 것으로 보고 있습니다.

그러나 부르주아와 민중 사이에는 생활 양식과 의식 면에서 역시 커다란 차이가 있었습니다. 이 점에 대해 한 가지 예를 들어보겠습니다.

로베스피에르는 평생 독신으로 살았는데, 혁명 중에는 파리 생토노레 거리에 있는 뒤플레라는 소목장이(고급 가구 등의 목재 가공업자)의 집에서 하숙하고 있었습니다. 이 뒤플레는 10명 정도의 직인을 부리는 장인이자 셋집에서의 집세 수입도 가졌으므로, 앞에서 다룬 롤랑 부인의 아버지와 마찬가지로 하층 부르주아입니다. 그리고 로베스피에르 자신도 변호사이니 부르주아의 일원입니다. 뒤플레의 부인이 자신의 장녀와 로베스피에르가 결혼하기를 열망한 것으로 보아 로베스피에르와 뒤플레가家는 같은 사회층에 속하며, 같은 의식을 가졌다고 할 수 있습니다. 하지만 이 뒤플레가에서 장인의

로베스피에르(1758~1794)

가족과 직인들이 한 테이블에서 식사를 하는 일은 없었다고 합니다. 식탁을 함께하지 않는다는 것은 사회층이 다르다는 말입니다. 로베스피에르 스스로도 위의 그림처럼 민중과는 다른 복장을 하였습니다. 때때로 연대감이 생겼다고 해도 하층 부르주아와 민중 사이에는 역시 차별의식이 있던 것입니다.

결론적으로 그들 도시의 민중은 특권과 인연이 없을 뿐만 아니라 부르주아 같은 재산도 갖지 못한 채 자신의 실력 하나로 빵을 벌어먹을 수밖에 없는 데다, 그런데도 각종 세금을 부과당해 글자 그대로 구체제의 '부담'을 떠안고 점차 빈곤화하던 사람들이었습니다.

:: 가난한 농민의 증가

다음으로 '농민'이라는 사회층은 농촌 주민 가운데 농촌의 부르주아(농업 노동자를 고용하여 대규모 농업 경영을 하는 소수의 부농)를 제외한 나머지를 말합니다. 농촌 주민은 프랑스 총인구의 8할 가까이를 차지하였으며, 그중에서 농촌의 부르주아가 차지하는 비율은 1할 내지 2할이니 '농민'은 총인구의 6~7할이었습니다(다음 쪽의 인구 구성표를 참조). 이 '농민' 안에는 가족이서 경작할 수 있는 정도의 토지를 경영하는 중소농민(자기 소유지를 경작하는 자작농과 타인의 토지를 빌린 소작농을 모두 포함), 도시 상인에게 일감을 받아 직물이나 철물 등을 제조하는 농촌 가내공업 종사자, 마을 사람을 상대로 하는 소상인과 수공업자, 얼마 안 되는 토지밖에 없어 품팔이나 가족의 부업으로 살림을 보충

하는 빈농, 주로 날품팔이 임금으로 생활하는 농업 노동자 등이 포함됩니다. 농촌의 밑바닥에는 상당한 수의 거지와 부랑자가 있었으나, 이들은 마을이라는 공동체의 구성원으로는 간주되지 않습니다.

18세기 농촌에서는 농촌 부르주아의 성장이 두드러지며, 그들과 하층 농민 사이의 빈부 격차가 벌어지고 있었습니다. 필자는 이 점을 검증하기 위해 영국 해협 근처 노르망디의 생니콜라 달리에르몽이라는 마을에 대해 조사한 적이 있으므로, 그 결과를 요약하여 소개하겠습니다.

이 마을은 혁명이 한창이던 1790년의 조사에서 총호수(가

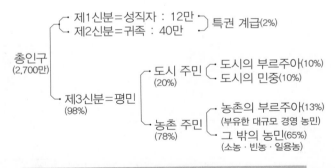

혁명 직전 프랑스의 인구 구성
(실수, 퍼센티지 모두 대강의 추정치)

족 수) 359호, 총인구 1,422명이었으며, 농업 외에 시계 제조업이 농촌 가내공업으로서 운영되고 있었습니다. 이 마을에 관해서는 타유라고 하는 일종의 소득세 대장이 1734년분부터 1789년분까지 남아 있어, 이 대장을 통해 주민의 소득 상황을 정확히 파악할 수 있습니다. 각호(가족)에 부과된 이 소득세액을 기준으로 이 마을의 주민을 부유층, 중간층, 빈곤층의 세 계층으로 나누고 각각의 퍼센티지를 살펴보면 아래 표와 같아집니다(이 표에는 소득세를 면제받는 특권 계급과 거지·부랑자는 포함되지 않습니다).

이 표에서 '호수'란 각각의 계층에 속하는 호수가 전체 호수에서 차지하는 퍼센티지이고, '소득세 합계액'이란 각각의

계층	호수		소득세 합계액	
	1734년	1789년	1734년	1789년
부유층	4.1	4.8	23.9	37.2
중간층	57.2	34.1	68.4	51.0
빈곤층	38.7	61.1	7.7	11.7
합계	100.0	100.0	100.0	100.0

계층별 호수와 소득세 합계액(%)

계층이 납부하는 소득세 합계액이 마을의 소득세 총액에서 차지하는 퍼센티지입니다. 가령 1734년에는 부유층이 전체 호수의 4.1%이며, 그들이 납부한 소득세 합계액은 마을 소득세 총액의 23.9%였습니다.

이 표에서 1734년부터 1789년까지의 변화를 살펴봅시다. 여기서 확실히 드러난 것은 첫째, 중간층 호수가 57.2%에서 34.1%로 현저히 감소한 것, 둘째, 빈곤층 호수가 38.7%에서 61.1%로 현저히 증가한 것, 셋째, 부유층은 호수가 거의 증가하지 않은 데 비해 납부한 소득세 합계액이 23.9%에서 37.2%로 대폭 증가한 것, 이 세 가지입니다. 즉 중간층이 줄고 빈곤층이 늘었으며 부유층의 부가 크게 늘었다고 할 수 있습니다.

이 표에서 부유층으로 명시된 것이 바로 농촌의 부르주아입니다. 그들은 주로 영주나 귀족이 소유한 넓은 농장을 빌려 경영하며, 그 경영을 위해서 더부살이 일꾼과 일용 노동자를 고용하는 자본주의적 대차지借地 농업 경영자였습니다. 그들 가운데는 조세 징수를 도급함으로써 구체제와 밀착하는 사람도 있었습니다. 이러한 농촌 부르주아의 부가 크게 늘어난 것은 농촌에서도 자본주의가 진전되고 있었음을 나타냅니다.

　반면 현저히 증가한 빈곤층은 주로 얼마 안 되는 토지를 가졌지만 그것만으로는 도저히 생활할 수 없어 시계 제조 가내공업 또는 가족의 레이스 뜨기 부업으로 생계를 유지하거나, 대농장의 품팔이꾼으로 고용되는 빈농·일용농들입니다. 즉 이 마을에서는 중간층(중소농민)이 몰락하고 자본주의적 농업이 발전하는 한편, 빈농과 농업 노동자가 현저히 증가하여 마을 안의 빈부 격차가 더욱 심화되었습니다.

　이 마을의 상황은 혁명 전 프랑스 농촌의 축소판이라고 할 수 있습니다. 점점 증가하는 가난한 농민들은 무거운 세금과 영주의 연공 등 구체제의 '부담'을 떠안은 데다, 자본주의가 발전하면서 노동자로 전락할 위기에까지 몰리게 된 것입니다.

:: 빵과 토지를 갈구하여

이제까지 알아본 바와 같이, 도시 민중과 농촌의 가난한 농민은 모두 구체제의 부담을 한 몸에 짊어지는 입장이었습니다. 그뿐만이 아닙니다. 그들은 부르주아가 이끄는 자본주의가 발전함에 따라 점점 더 가난해져 이윽고 노동자로 전락할 위기에 처했습니다. 따라서 그들은 구체제를 철저히 파괴하는 동시에, 자본주의의 발전을 저지해야 하는 입장에 서게 됩니다. 앞의 '두 개의 사회층' 항목에서 미리 서술한 것처럼 혁명을 주도해야 할 부유한 부르주아와 가난한 민중·농민이 날카롭게 대립한 것은 이 때문입니다.

이 경우 부르주아와 민중·농민의 대립을 근대 자본가와 노동자의 대립 같은 것이라고 생각해서는 안 됩니다. 물론 민중과 농민 안에는 매뉴팩처manufacture나 대농장에 고용된 노동자도 있었습니다. 그러나 그들 대다수는 소규모 작업장 또는 소매점포를 가지고 있거나, 장인과 함께 일하며 언젠가는 장인이 될 것을 꿈꾸거나, 조그만 토지를 경작하며 부업 또는 품팔이에 종사하는 사람들이었습니다. 그러므로 그들 민중과 농민은 근대의 노동자처럼 임금 인상과 근로조건 개선을 바란 것은 아닙니다. 도시의 민중에게 가장 절실한 문제는 빵을 비롯한 생활필수품을 싼값에 손에 넣는 것이었습니다. 가난한 농민 또한 자신의 토지에서 수확하는 곡물만으로는 도저히 살아갈 수 없었기 때문에, 도시의 민중과 함께 곡물의 저가 공급을 요구합니다. 그와 동시에 가난한 농민들은 가족이 먹고살 수 있을 만큼의 토지를 소유하기를 갈망하고 있었습니다. 이렇게 민중과 농민은 무엇보다 먼저 빵 가격의 통제와 토지의 분배를 소망한 것입니다.

이리하여 민중과 농민은 구체제의 타파와 함께 빵과 토지를 갈구하며 혁명에 나섭니다. 그렇게 되자 부르주아도 가만히 있을 수는 없었습니다. 부르주아가 원하던 것은 앞 절 '자본주의에 적합한 사회' 항목에 적은 것처럼 자본주의 발전을 위한 자유와 소유와 권리의 평등입니다. 그런데 민중이 바라는 빵 가격 통제는 경제활동의 자유와 정면으로 대립하며, 농민이 바라는 토지 분배는 토지 소유권에 대한 정면 도전이었습니다. 그리고 민중과 농민이 빵과 토지를 원한다는 것 자체가 재산 불평등의 시정을 요구한다는 의미였으므로, 그 요구는 부르주아가 추구하는 권리의 평등이라는 틀을 크게 벗어나 부르주아의 재산에 중대한 위협이 되었습니다. 그래서 앞 절 마지막에 언급했듯이, 1789년 전국 각지에서 민중과 농민이 봉기한 것을 보고 이를 방치하면 자신들의 재산도 위험하다고 생각한 부르주아는 봉기를 진정시키기 위해 구체제 타파에 나서게 된 것입니다. 프랑스 혁명은 이렇게 시작되었습니다.

:: 왜 극약이 사용되었는가

여기서 이 장의 과제로 돌아가, 프랑스에서는 왜 극약이 사용되었는지를 정리해서 생각해보도록 합시다.

그 원인 중 하나는 구체제의 정체가 심각했던 것으로, 이에 대해서는 더 설명할 필요가 없을 것입니다.

또 다른 원인은 그 구체제를 변혁하려는 혁명의 주도 세력이 극약의 복용을 원했다는 것입니다. 이에 대해서는 조금 더 파고들어 생각해볼 필요가 있습니다.

혁명의 주도 세력으로는 부유한 부르주아와 빈곤한 민중 및 농민이라는 두 개의 사회층이 있었습니다. 이 '빈곤한 민중 및 농민'을 앞으로는 간단히 '대중'이라고 부르겠습니다. 부르주아와 대중은 구체제를 변혁하려는 점에서는 일치했습니다. 그러나 구체제의 정체에 대해 어떠한 대책을 강구할 것인가, 어떠한 약제를 먹을 것인가 하는 점에서는 의견이 일치하지 않았습니다. 구체제의 철저한 파괴를 위해 극약의 복용을 추구한 것은 이 두 사회층 가운데 어느 쪽이었을까요. 그것은 부르주아가 아닌 대중이었습니다. 왜냐하면 부르주아가 본질적으로 맹수이기는 해도 특권의 유혹에 넘어가 구체제 속으로 편입되기 쉬웠던 데 반해, 대중은 구체제의 부담을 한 몸에 짊어진 채 길들여질 일이 없는 맹수 그 자체였기 때문입니다. 또한 나중에 제4장에서 살펴보겠지만, 공포정치를 요구한 것도 대중이었습니다. 그러므로 프랑스에서 극약이 사용된 최대의 원인은 대중이 혁명의 주도 세력으로 등장한 데 있는 것입니다. 즉 프랑스 혁명이 구체제를 철저하게 변혁하는 위대한 사업이었던 동시에 공포정치의 비참한 유혈을 낳은 것은 국민의 대부분을 차지하는 대중이 스스로 일어서 혁명의 주도 세력이 되었기 때문이라고 할 수 있습니다.

지금 필자가 이야기한 것은 프랑스 혁명의 위대함과 비참함 양면이 전적으로 대중에 의한 사업이었다는 뜻은 아닙니다. 앞의 '상처 입은 긍지' 항목에서 살펴보았듯이 구체제하에서 긍지를 상처 입고 혁명에 나선 것은 대중만이 아니었습니다. 혁명 초기의 지도자 바르나브와 지롱드파의 지도자 롤랑 부인, 그리고 공포정치의 지도자 로베스피에르도 모두 버젓한 부르주아 출신으로 대중의 이해를 대표하는 입장은 아닙니다. 간단히 말하면 프랑스 혁명을 지도한 것은 야성으로 돌아가 우리를 깨부순 호랑이로서의 부르주아였습니다. 바르나브가 훌륭하게 통찰한 바와 같이 프랑스 혁명의 본질을 꿰뚫어보고 구체제를 쓰러뜨린 다음 찾아올 새로운 사회의 설계도를 그릴 수 있던 것은 부르주아뿐이었습니다. 위대함과 비참함 양면을 갖춘 극약 프랑스 혁명은 이른바 부르주아의 두뇌와 대중의 힘이 결합하여 비로소 수행된 것입니다.

이 점을 도식적으로 설명하면 이렇게 됩니다. 구체제하에서는 귀족↔제3신분이라는 대립과 제3신분 내부의 부르주아↔대중이라는 대립이 이중구조를 이루고 있었습니다. 대중의 눈으로 보면 저 물랭의 기요틴에 적혀 있는 글귀처럼 귀족도 부르주아도 모두 적입니다. 하지만 대중은 자신들만으로는 어떠한 사회를 만들 것인가 하는 설계도를 제시하지 못합니다(사회주의사상이 등장한 것은 조금 더 뒤의 일입니다). 한편 부르주아는 가능하면 귀족과 대중을 전부 내치고 자신들에게만 유리한 사회를 만들고 싶어 합니다. 하지만 그런 것은 대중이 용서하지 않습니다. 그래서 프랑스 혁명 최대의 과제는 부르주아와 대중의 대립을 어떻게든 괄호 안에 묶어서 귀족↔(부르주아↔대중)이라는 형태로 만드는 것이었습니다. 그러나 자본주의에 적합한 사회를 만들고자 하는 부르주아와 그 자본주의를 저지하려는 대중 사이의 이해 대립을 어떻게 조정해야 좋을까요. 이러한 프랑스 혁명 최대의 과제를 어떻게 해결하는가를 둘러싸고, 혁명기에 다양한 당파가 심각한 대립을 전개하였으며 결국에는 여러 당파 간에 서로 죽고 죽이기에 이릅니다. 그 심각한 대립이 극약 프랑스 혁명의 위대함과 비참함 양면을 낳은 것입니다. 그 과정에 대해서는 이어지는 제3장과 제4장에서 이야기하겠습니다.

마지막으로 한마디 덧붙이고 싶습니다. 이제까지 필자는 부르주아와 대중의 이해관계를 자세히 설명하였습니다. 프랑스 혁명과 같은 커다란 사회 변혁을 이해하기 위해서는 다양한 사회층의 이해관계에 대한 이해가 필수이기 때문입니다. 그러나 혁명은 이익과 손해만 계산해서 일어나는 것이 아닙니다. 바르나브와 롤랑 부인, 로베스피에르도 인간으로서의 긍지를 상처 입었기 때문에 인간의 존엄을 회복하기 위해 혁명에 몸을 바쳤던 것입니다. 그리고 그 혁명은 결국 여러 당파 간의 죽고 죽이는 싸움을 불러와 그 와중에 바르나브는 32세, 롤랑 부인은 39세, 로베스피에르는 36세로 기요틴의 이슬로 사라졌습니다. 또한 '인간성의 이름을 걸고' 영주에게 꿇어 엎드리기를 거부한 농민은 제4장에서 다루는 바와 같이 때로는 피투성이 학살사건도 일으킵니다. 인간의 존엄을 회복하려고 한 혁명이 오히려 피로 피를 씻는 비참함을 야기한 것은 결국 인간 자체의 위대함과 비참함의 발로가 아니었을까요. 프랑스 혁명이 극약이라고 할 때 그 극약의 정체는 위대함과 비참함을 함께 갖춘 인간의

혼의 외침이자 정념의 분출이라고 생각하지 않을 수 없습니
다. 이 점에 대해서는 이 책의 마지막에서 다시 한 번 이야
기할 예정입니다.

제3장
극약은 어떤 효과를 올렸는가

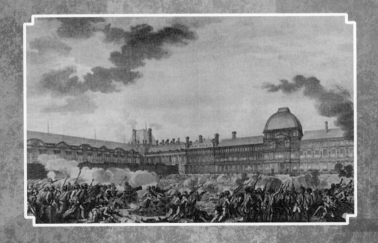

1792년 8월 10일 봉기

이날 민중과 의용병이 왕궁을 습격하여 왕정을 무너뜨림으로써
혁명에 커다란 전환을 가져왔다.

앞 장에서는 프랑스에서 극약이 사용된 원인을 검토하였습니다. 그러면 이제 이 제3장과 다음 제4장에서는 그 극약의 작용을 검토해보겠습니다. 그 작용은 이중으로 나타났습니다. 즉 프랑스 혁명이라는 극약은 구체제를 변혁시키는 위대한 '효과'를 발휘하는 동시에, 공포정치라는 비참한 '고통'을 가져왔습니다. 이러한 효과와 고통이라는 두 가지 현상은 앞서 40쪽에서 서술하였듯이 극약의 한 작용이 서로 다른 두 가지 방식으로 나타난 것입니다. 요컨대 이 극약의 작용은 구체제의 변혁이라는 측면에서 보면 위대한 효과를 올렸고, 공포정치의 출현이라는 측면에서 보면 비참한 고통을 야기했다고 할 수 있습니다. 따라서 이 효과와 고통은 효과 그 자체가 고통을 주며 고통을 통해 효과가 나타나는 관계이기 때문에, 본래 서로 떼어놓지 못하는 것입니다. 그러나 이 두 가지 현상을 동시에 설명할 수는 없으므로 이번 제3장에서는 효과를, 다음 제4장에서는 고통을 검토하도록 하겠습니다.

1. 1789년

프랑스 혁명의 출발점과 종착점은 언제인가 하면, 1787년에 시작되어 1799년에 끝났다고 해도 좋을 것입니다. 앞으로 살펴보겠지만 1787년은 귀족의 반항으로 왕권이 마비된 해이고, 1799년은 나폴레옹이 쿠데타를 일으켜 권력을 탈취한 해입니다. 혁명은 국가권력을 둘러싼 다툼이므로 절대왕정의 왕권 마비로 시작되어 나폴레옹의 권력 장악으로 끝났다고 보아도 무방한 것입니다. 그러나 1787년은 이를테면 혁명의 서막이며, 혁명의 주도 세력 모두가 등장하는 본무대의 제1막은 1789년입니다.

:: 귀족의 반항과 왕권의 마비

지금까지 우리는 혁명의 주도 세력으로 부르주아와 대중

만을 다루어왔습니다. 하지만 혁명의 첫 도화선을 당긴 것은 왕권에 대한 귀족의 반항이었습니다. 18세기 후반, 귀족은 부르주아의 입궁을 저지하려 하거나 농민에 대한 조세를 무겁게 하는 등 '귀족의 반동'이라 불리는 움직임을 강화하였으며, 정치적인 면에서도 오랫동안 국왕에게 빼앗겼던 권력을 되찾고자 왕권에 거세게 반항합니다. 한마디로 귀족이라 해도 보수적인 귀족만 있던 것이 아니라 구체제를 개혁할 필요를 인정한 '자유주의 귀족'도 있었는데, 이들이 이윽고 큰 역할을 합니다. 다만 왕권을 제한하고 국정을 지배하려는 점에서는 귀족의 의견이 일치하였습니다. 그리고 왕권에 대한 귀족의 반항 계기는 국왕이 귀족에게도 세금을 부과하려 했기 때문이었습니다.

프랑스의 절대왕정은 만성적인 재정 적자에 시달리고 있던 데다, 18세기 말에는 미국 독립 전쟁을 지원하는 비용도 늘어나 재정이 완전히 파탄 상태였습니다. 1774년 즉위한 루이 16세 아래에서 튀르고와 네케르가 몇 가지 재정 개혁을 시도하였으나, 어느 것도 성공하지 못합니다. 평민의 조세 부담은 한계에 달해 있었기 때문에 성직자와 귀족의 면세 특권에 손을 대는 것 외에 방법은 없었습니다. 그래서 재무총감 칼론은 '토지 상납금'이라는 지세地稅를 만들어 이것을 신분 차별 없이 과세하기로 계획하고, 1787년 '명사회의名士會議'를 열어 이 계획의 승인을 요청하였습니다. 하지만 전적으로 귀족의 의견을 대표하는 명사회의가 이 계획을 거부하면서 왕권은 완전히 궁지에 몰립니다. 귀족의 반항으로 왕권이 마비된 것입니다.

귀족은 더 나아가 '전국삼부회'의 소집을 요구하였습니다.

전국삼부회의 개회(1789년 5월 5일)

14세기에 창설된 이 신분별 의회는 절대왕정하에서는 1615년 이래 열리지 않고 있었습니다. 귀족은 이것을 부활시켜 왕권을 제한하고 국정을 지배하려 한 것입니다. 루이 16세는 어쩔 수 없이 1789년 5월에 전국삼부회를 여는 데 동의합니다.

:: 전국삼부회에서 국민의회로

귀족의 요구로 전국삼부회 개최가 결정되었을 때, 귀족이 예상하지 못한 의외의 상황이 벌어집니다. 제2장에서 살펴보았듯이 의원 선거와 진정서 작성을 통해 제3신분이 정치적으로 각성한 것입니다. 이전까지 연기만 내던 '여론'이 급격히 불타올라 구체제의 변혁을 요구하는 팸플릿이 넘쳐났습니다. 귀족과 제3신분은 앞으로 열릴 전국삼부회에서 어떤 표결 방식을 취할 것인지를 둘러싸고 결정적으로 대립하게 됩니다. 귀족은 전국삼부회를 자신들의 뜻대로 지배하고자, 예전 방식대로 신분별 회의를 연 다음 각 신분이 1표씩 행사한다는 표결 방식(이렇게 하면 제3신분은 1표, 귀족 신분과 성직자 신분은 합계 2표가 된다)을 주장합니다. 이에 대항하여 제3신분은 제3신분 의원의 인원수를 두 배로 늘리고 전 신분 합동 회의를 열어 1인 1표로 표결할 것을 요구합니다. 국왕은 어쩔 수 없이 제3신분 의원의 증원만을 승인하였습니다.

1789년 5월 5일, 왕궁이 있는 베르사유에서 전국삼부회가 개최되었으나 시작부터 표결 방식을 놓고 분규가 일어납니다. 제3신분 의원들은 신분별 회의가 아닌 전 신분 합동 회의를 열 것을 요구하며 스스로 '국민의회'라 일컫는 한편, 헌법을 제정할 때까지 해산하지 않겠다고 선언하였습니다(테니스코트의 서약). 이는 구체제의 근간을 이루는 신분제를 부정하고 절대왕정을 입헌왕정으로 전환하려는 제3신분의 결의를 표명한 것입니다. 이 결의를 보고 성직자 신분과 귀족 신분에서도 국민의회에 합류하는 사람이 늘어 국왕도 결국 전 신분의 합동을 명하였습니다. 이에 국민의회는 헌법 제정에 착수하였고, 7월 9일부터 의회의 정식 명칭은 '헌법제정 국민의회'가 됩니다(129쪽 의회 일람을 참조).

이리하여 제3신분 의원들은 지위가 낮은 성직자와 '자유

다비드 작 '테니스코트의 서약'
(파리, 카르나발레 미술관 소장)

주의 귀족'을 아군으로 끌어들여 보수적 귀족의 계획을 무너뜨리고 최초의 승리를 거두었습니다. 이때 제3신분 의원들은 스스로를 국민 전체의 대표라고 확신하고 있었습니다. 하지만 실제 그들은 오직 부르주아의 대표로, 거기에 민중과 농민의 대표는 없었습니다. 그것은 대중에게 정치에 대한 지식과 경험이 결여된 것과 의원 선거가 간접선거(선거 집회에서 우선 선거인을 선출하고 그 선거인이 의원을 선출하는 방식)로 치러진 것에 기인합니다. 그 때문에 공공의 장에서 이야기하는 데 익숙

한 법률가 등 부르주아만이 의원으로 선출되었던 것입니다. 따라서 혁명의 서막이 귀족의 반항으로 시작되었다고 한다면 제1막의 무대 정면에 등장한 것은 부르주아였습니다. 다만 그때 이미 민중과 농민도 무대 뒤편에 선명히 그 모습을 드러내고 있었습니다.

:: 민중과 농민의 봉기

민중과 농민은 혁명 전부터 일상 문제에 대한 대중운동을 벌이고 있었으나, 전국삼부회 소집 전후의 정치적 긴장 속에서 비로소 대중운동은 정치적인 의미를 띠게 됩니다. 그 계기는 '귀족의 음모'라는 관념의 발생이었습니다.

전국삼부회에서 귀족의 의도가 실패하는 것을 본 민중은 보수적 귀족이 이대로 포기할 리 없으며 그들이 반드시 무력으로 제3신분에게 반격할 것이라 확신하고 있었습니다. 이 확신이 '귀족의 음모' 관념을 낳은 것입니다. 실제로 국왕을 둘러싼 궁정과 보수적 귀족은 1만 8천의 군대를 불러들

바스티유 감옥 습격(1789년 7월 14일)

여 무력으로 국민의회를 해산시킬 계획을 진행하고 있었습니다. 그 사실을 알게 된 파리의 민중은 7월 14일 봉기하였고, 무기 탈취를 위해 바스티유 감옥을 습격하여 전제의 상징으로 여겨지던 이 감옥을 점령하였습니다.

바스티유 점령으로 의회는 살아남습니다. 그러나 민중은 부르주아를 지원하려는 목적만으로 봉기한 것이 아닙니다. 파리에서는 바스티유 점령 직후 식량 부족의 책임자로 인식

되던 지방장관 등이 살해당했고, 군중은 그 피투성이 목을 창끝에 꽂아 거리를 행진하였습니다. 빵을 요구하는 민중운동은 여러 차례 이러한 유혈사건을 동반하며 그 후로도 계속됩니다.

한편 농민들 입장에서 '귀족의 음모'라는 관념은 더욱 절실한 의미를 가지고 있었습니다. 본래 영주에 대한 굴종과 무거운 세금을 강요당하던 농민에게 영주의 성관은 증오와 원한의 대상이었기 때문에, 귀족이 음모를 획책한다는 것은 농민에게 한층 더 가깝고 크게 실감되었던 것입니다. 귀족이 떠돌이와 도적을 앞잡이로 이용하여 농민을 습격할 것이라는 '비적匪賊' 습격 소문이 쫙 퍼지자, 이에 대항해 농민은 도처에서 무장하고 각지의 영주 성관을 습격한 뒤 조세 징수 장부 등을 모조리 불태워버립니다. 이러한 농민의 봉기는 귀족의 음모에 대한 방어 본능에서 비롯된 것으로, 이것을 조르주 르페브르라는 역사가는 '방위적 반작용'이라 부르고 있습니다. 7월에는 프랑스 농촌의 대부분이 귀족의 음모와 비적 습격 소문으로 '대공포大恐怖'라 불리는 심리적 공황 상태에 빠졌습니다. 이 공황 상태가 방위적 반작용의 강도를 높여 영주에 대한 농민의 반란을 더욱 격화시킨 것입니다.

농민 역시 부르주아를 지원하기 위해 봉기한 것은 아닙니다. 오히려 농민이 각지의 성관에 불을 지른 것은 부르주아에게 자신들의 재산도 위험하다는 위기감을 느끼게 하였습니다. 제2장에서도 서술하였듯이 이 시점에서 비로소 의회에 결집한 부르주아는 구체제 타파에 나서게 됩니다.

:: 극약의 최초 효과
—8월 4일 밤과 인권선언

1789년 7월 말, 전국 도처에서 대중의 봉기로 인한 불길과 피가 소용돌이치고 있었습니다. 이 소란을 가라앉히기 위해서는 구체제를 폐기하는 수밖에 없었습니다. 이렇게 극약의 최초 효과는 8월 4일 밤 의회의 결의라는 형태로 나타납니다.

전국삼부회가 소집되고 세 달 가까이 지나는 사이 제3신분에서 선출된 활동적인 의원들은 자유주의 귀족과 손을 잡고 의회를 이끌어가고 있었습니다. 그들 100명가량의 의원은 8월 3일 밤에 은밀히 상의하여, 소란을 진정시키기 위해 자유주의 귀족이 스스로 나서서 온갖 특권을 포기한다는 계획을 세웠습니다. 다음 날인 4일 밤 본회의에서 자유주의 귀족을 비롯한 몇몇 의원이 등단하여 다양한 특권의 포기를 선언하였고, 의원들은 열광하며 마지막으로 루이 16세가 '프랑스 자유의 재흥자再興者'임을 선포합니다.

이 8월 4일 밤의 결의는 다음 날인 5일부터 11일에 걸쳐 정식 법령이 되었습니다. 그 법령은 제1조에서 '국민의회는 봉건제도를 완전히 폐기한다'고 선언하였으며, 구체적으로는 온갖 특권을 폐지할 것을 결정하였습니다. 즉 신분에 의한 면세 특권과 영주의 조세 징수권 및 영주 재판권 등의 특권이 폐지되고, 구체제의 기초를 이루는 신분제와 영주제가 철폐되었습니다. 또한 그때까지 몇 개의 주와 도시가 가지고 있던 지역적 특권도 폐지되어 지역 간 차별이 사라진 데다, 관직 매매 제도도 폐지되면서 모든 사람이 차별 없이 공직에 나아갈 수 있게 되었습니다. 이리하여 구체제는 붕괴하고 모든 프랑스인이 국민으로서 일체화하게 된 것입니다.

이러한 구체제의 폐지를 확인하고 아울러 새로운 체제의 원리를 분명히 밝힌 것이 8월 26일에 의회에서 채택된 유명한 '인권선언'(정식으로는 '인권 및 시민권 선언')입니다. 이 인권선언은 그 제1조에서 '인간은 태어날 때부터 자유로우며 평등한 권리를 가진다'라고 명시하였고, 또한 주권이 국민에게 있으며 국민은 참정권을 가질 것, 소유권은 신성불가침이라는 것 등을 명시하였습니다. 이 인권선언이 영국의 '권리장전權利章 典' 및 미국의 '독립선언'과 함께 근대 사회의 원리를 제시했다는 사실은 여러분도 잘 아실 것입니다.

국왕은 의회의 이러한 결정을 승인하지 않았으나, 10월에 민중이 베르사유에 밀려들어가 국왕 일가를 파리로 데려오기에 이르자 국왕도 할 수 없이 그 사항들을 승인하였습니다. 구체제를 파괴하는 극약의 효과는 일단 이렇게 정착합니다. 하지만 그것은 어디까지나 '일단'이었습니다. 왜냐하면 8월 4일 밤의 결의도 인권선언도 대강의 원리를 나타낸 것뿐, 그 원리를 어떻게 구체화할지는 아직 결정되지 않았기 때문입니다. 그 구체화 방침을 정하는 것은 1789년에 등장한 주역들의 몫이었습니다.

2. 복합혁명의 구조와 진로

　1789년이 혁명의 제1막이라는 것은 그때 혁명의 주역이 모두 갖추어졌기 때문입니다. 즉 서막부터 등장하던 귀족, 의회로 대표되는 부르주아, 의회 밖에서 실력을 행사하며 구체제에 결정타를 가한 민중과 농민을 말합니다. 역사가 르페브르는 프랑스 혁명이 귀족 · 부르주아 · 민중 · 농민이 주도한 네 개의 혁명의 복합체라고 주장하였는데, 이 복합혁명설은 현재 세계 학계의 정설로 취급되고 있습니다. 그러나 이 네 개의 혁명이 어떻게 맺어져 하나의 블록을 구성하였는가, 또 그 결합 방식에 따라 혁명의 진로가 어떻게 결정되었는가 하는 점에 관해서는 아직 정설이 없습니다. 이 절에서는 그러한 복합혁명의 구조와 진로에 대해 필자의 생각을 정리하여 이야기하겠습니다.

르페브르가 말하는 네 개의 혁명 가운데 민중의 혁명과 농민의 혁명은 그 목표가 동일했으므로, 이 둘을 묶어 하나라고 생각합시다(앞서 84쪽에서 민중과 농민을 합쳐 대중이라고 불렀지요). 그렇게 하면 프랑스 혁명은 귀족, 부르주아, 민중과 농민이라는 세 개의 사회층이 주도한 세 개의 혁명의 복합체라는 말이 됩니다. 이 세 개의 혁명은 따로따로 발생한 것이 아니라 서로 겹쳐 있었기 때문에, 그 중첩에 의해 프랑스 혁명은 하나의 블록이 된 것입니다. 프랑스 혁명의 '구조'란 이들 세

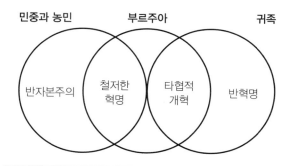

그림 1_프랑스 혁명의 구조

개의 혁명이 중첩되어 하나의 블록을 구성하는 구성법을 말합니다. 그 구조를 그림으로 나타내면 그림 1과 같습니다.

가장 오른쪽에 귀족이 있습니다. 귀족은 1787년에는 왕권에 대한 반항운동을 벌였지만, 89년 이후에는 둘로 분열됩니다. 즉 다수의 보수적 귀족은 혁명 자체에 반대하는 반혁명파가 되고, 소수의 (다만 유력한) 자유주의 귀족은 부르주아와 동맹하여 타협적 개혁 수준에서 혁명을 끝내려 합니다.

가장 왼쪽에는 민중과 농민이 있습니다. 이 대중의 운동은 앞서 81쪽에서 살펴본 바와 같이 구체제의 철저한 타파를 추구하는 동시에 자본주의 발전에 반대한다고 하는 두 가지 측면을 가지고 있습니다. 따라서 그들은 구체제 타파 측면에서는 부르주아와 동맹할 수 있으나, 자본주의 반대 측면에서는 부르주아와 대립하게 됩니다.

결과적으로 중앙의 부르주아는 자유주의 귀족과 동맹하여 (대중과 손을 끊고) 타협적 개혁의 길을 선택할 것인가, 아니면 대중과 동맹하여(귀족과 손을 끊고) 철저한 혁명의 길을 선택할 것인가 하는 참으로 어려운 결단에 직면합니다. 극약을 먹지 않고 대중과 손을 끊으면 보수적 귀족의 반혁명운동에 대항

하기가 어려워지며, 극약을 먹고 대중과 동맹하면 그들의
반자본주의적 요구에 어떻게 대처하느냐가 큰 문제가 되기
때문입니다.

프랑스 혁명은 이 그림 1과 같은 구조를 가지고 있었습니
다. 그래서 부르주아가 극약을 먹는가 먹지 않는가 어느 쪽
길을 선택하느냐에 따라 타협적 개혁 노선과 철저한 혁명
노선이라는 두 가지 노선이 생겨난 것입니다.

:: 혁명의 두 가지 노선

지금 우리는 그림 1과 같은 프랑스 혁명의 구조로부터 두
가지 노선이 생겨난 것을 보았습니다. 노선이란 일정한 방
향으로 향하는 운동을 말하는데, 여기에서는 혁명의 구조
로부터 생겨나는 여러 가지 운동을 한데 정리하여 그림으로
나타내봅시다.

그림 2는 1789년 10월의 여러 운동 시점始點을 P로 설정
한 다음, 혁명을 주도하는 다양한 사회층의 운동 벡터(방향

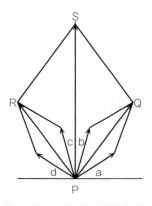

그림 2_프랑스 혁명의 여러 운동

과 크기를 갖는 힘)를 a, b, c, d로 표시하고, 그들 벡터가 합성되어 생겨나는 새로운 벡터의 종점終點을 Q, R, S로 표시한 것입니다. a는 가장 오른쪽 방향으로 치우친 자유주의 귀족의 개혁운동이며, b는 그와 타협하려 하는 부르주아의 타협적 운동입니다. 이 둘이 합쳐졌을 때 Q로 향하는 타협적 개혁 노선이 생겨납니다. 한편 d는 가장 왼쪽 방향으로 치우친 대중의 철저한 구체제 파괴운동이며, c는 그와 동맹하려 하는 부르주아의 혁명적 운동입니다. 이 둘이 합쳐졌을 때

R로 향하는 철저한 혁명 노선이 생겨납니다. 즉 부르주아가 b를 택하느냐 c를 택하느냐에 따라 PQ 또는 PR이 출현합니다. 그리고 벡터 PQ와 벡터 PR이 최종적으로 합쳐졌을 때 프랑스 혁명은 종점 S에서 종결됩니다.

또한 이들 벡터 외에 프랑스 혁명에는 앞의 그림 1에서 본 것처럼 보수적 귀족의 반혁명운동과 대중의 자본주의 반대운동이 있었습니다. 그것들 가운데 보수적 귀족의 반혁명운동은 a, b, c, d 모두에 반대하는 것이므로 여기에 표시되어 있지 않습니다. 마찬가지로 대중의 자본주의 반대운동은 d의 구체제 파괴운동과 표리일체이므로 독립된 운동으로서 여기에 표시할 수 없습니다.

이 그림 2는 그림 1의 구조로부터 생겨나는 여러 가지 운동을 벡터의 형태로 나타낸 것이지만, 여기에는 아직 시간의 경과가 들어 있지 않습니다. 모든 벡터의 시점 P는 앞서 서술하였듯이 혁명의 원칙이 '일단' 정해진 1789년 10월 시점時點을 표시하고 있으며, 이후 그 원칙을 어떻게 구체화하느냐를 놓고 두 가지 노선이 생겨났습니다. 그리고 이 두 가지 노선의 전환으로부터 혁명의 지그재그형 진로가 나타나게 됩니다. 따라서 이 그림 2에 시간의 경과를 넣으면 혁명의 진로가 뚜렷하게 드러날 것입니다.

:: 혁명의 진로

우리는 혁명의 구체적인 움직임에 대해서는 아직 1789년 10월까지밖에 살펴보지 않았는데, 여기에서 미리 혁명의 그 후 진로를 대강 알아두도록 합시다.

1789년 이후 처음으로 나타난 것은 P에서 Q로 향하는 타협적 개혁 노선이었습니다. 이는 89년의 대중 봉기로 심각한 위기감을 느낀 부르주아가 대중과 손을 끊는 b의 움직임을 취했기 때문입니다. 그러나 이 노선은 대중의 강한 불만을 야기하여 오래가지 못합니다. 특히 보수적 귀족이 오스트리아나 프로이센 같은 외국 세력과 손잡고 반혁명운동을 강화하자, 그에 대항하기 위해서는 역시 대중의 힘을 빌려야 한다는 사실이 명확해집니다. 그리고 1792년에 오스트리아 및 프로이센과의 전쟁이 시작되어 국경에 위기가 닥치면서, 92년 8월 10일 대중 봉기가 일어나 이 노선은 붕괴하고 왕정이 무너져 프랑스는 공화국이 됩니다.

그러자 부르주아는 대중과 손을 잡는 c의 움직임을 취했고, 여기서 노선이 P에서 R로 향하는 철저한 혁명 노선으로 전환됩니다. 하지만 이 노선도 오래가지 못합니다. 왜냐하면 대중의 d 운동은 자본주의 반대운동과 표리일체인데, 부르주아는 대중의 반자본주의적 요구에 양보할 수 없기 때문입니다. 그래서 공화국군의 분전에 힘입어 국경의 위기와 반혁명 내란이 진정되자 부르주아는 다시 노선을 전환합니다. 그 재전환점이 1794년 7월 27일(테르미도르 9일)의 쿠데타입니다. 다만 그 재전환은 원래의 Q로 복귀하는 것이 아니었습니다. 일단 철저한 혁명 노선을 밟아 여러 가지 정책을 실시하고 보니 원래의 Q로 돌아가지 못하게 된 것입니다. 결국 프랑스 혁명은 1799년 11월 9일(브뤼메르 18일)에 벡터 PQ와 벡터 PR이 최종적으로 합성된 종점 S에서 종결되고, 그 유산을 나폴레옹에게 넘겨줍니다(테르미도르와 브뤼메르는 1793년 제정된 공화력에서의 달 이름입니다).

위에 소개한 혁명의 진로에 관해서는 뒤에서 조금 더 자

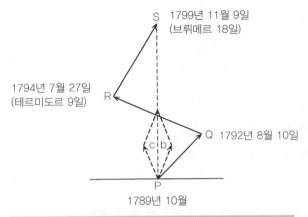

그림 3_프랑스 혁명의 진로

세히 설명하겠지만, 여기에서 그 진로를 그림으로 나타내면 그림 3과 같습니다. 프랑스 혁명은 이처럼 지그재그형 진로를 거쳐 종점 S에 다다릅니다. 이 S는 어떠한 위치에 있는지 앞의 그림 2 및 그림 1과 함께 봐주세요. S는 부르주아의 두 가지 움직임 b와 c의 정확히 중간점(b와 c가 합성된 종점)의 연장선상에 있습니다. 프랑스 혁명은 결과적으로 부르주아의 이해에만 적합한 사회, 즉 자본주의 발전에 적합한 사회를 가져온 것입니다. 그런 의미에서 프랑스 혁명의 기본 성격은 부르주아 혁명이라고 할 수 있습니다. 다만 그렇다고는 해도 프랑스 혁명이 지그재그형 진로를 거치며 벡터 PR이라는 철저한 혁명 노선을 경험한 사실, 요컨대 극약을 먹은 사실은 프랑스 혁명에 독특한 성격을 부여하여 혁명의 위대함과 비참함 양면을 야기하였습니다. 이제부터 그 극약의 효과에 대해 조금 더 자세히 살펴봅시다.

3. 극약을 억제시킨 91년 체제

앞서 서술한 바와 같이 1789년 말 이후 처음으로 나타난 것은 타협적 개혁 노선이었습니다. 이 노선은 1791년 가을까지 사이에 의회(전국삼부회에서 이어진 헌법제정 국민의회)가 제정한 헌법과 여타 여러 법률에 의해 정해진 것이므로, 이 노선에 따라 성립한 체제를 91년 체제라고 부릅니다. 이 91년 체제는 부르주아가 대중과 손을 끊고 자유주의 귀족과 연합하여 만들었기 때문에 극약의 작용을 가급적 억제하도록 되어 있습니다. 즉 정치적인 면에서는 재산을 가진 사람에게만 참정권을 부여하는 유산자有産者의 지배, 사회적인 면에서는 구체제 파괴의 불철저, 경제적인 면에서는 자유방임(약육강식)을 취지로 하는 경제적 자유주의, 이 세 가지가 체제의 특징이었습니다.

:: 재산을 가진 사람들의 지배

부르주아와 자유주의 귀족 연합에 기초한 타협적 개혁 노선은 1789년 말 이후에 갑자기 나타난 것이 아닙니다. 89년 봄 대중의 봉기가 시작되었을 때부터 신변에 위험을 느낀 부르주아는 반대로 자유주의 귀족과 손을 잡자는 자세를 보이고 있었습니다. 일찍부터 농민의 봉기가 시작된 남프랑스 프로방스의 한 관리는 89년 4월 22일에 다음과 같이 적었습니다.

농민들의 공격은 지배적으로 보이는 사람들 모두에게 향하여, 제3신분 상층부(부르주아)는 본래 농민에 가까운 입장일 텐데도 역시 농민에게 곤욕을 당했다. 그 결과 이 제3신분 상층부는 본래 귀족과는 대립하고 있었을 텐데도 공통의 적을 앞에 두고 귀족과 연합하기에 이르렀다. 이 연합은 귀족이 지나치게 오만한 태도를 취하여 그 연합을 깨려 하지 않는 이상 오래갈 것이다. 또한 이 연합에 의해 지금까지 서로 친밀하지 않았던 두 계급이 하나의 집단으로 정리되며, 그 집단은 재산 있는 자와 재능 있는 자의 집단이 될 것이다. 그리고 이 연합에 의해 농촌의 평화가 유지될 것이 분명하다.

여기 적혀 있는 '재산 있는 자와 재능 있는 자의 집단', 즉 각 지역 명사들의 집단, 소위 엘리트 집단이 91년 체제의 기반이었습니다. 따라서 91년 체제의 정치적인 면에서의 특징은 재산을 가진 사람들에게만 참정권을 부여한 것이라 할 수 있습니다.

1791년 9월 제정된 헌법은 입법권(의회)·행정권(국왕과 그가 임명하는 대신)·사법권(재판소)이라는 삼권분립의 원리에 의거하여, 구체제를 대신하는 근대국가 체제를 마련합니다. 그러나 정작 중요한 국민의 참정권에 관해서는, 국민을 '능동적 시민(국가에 공헌하는 시민)'과 '수동적 시민(국가의 은혜를 입을 뿐인 시민)'으로 구별하여 능동적 시민에게만 참정권을 부여하였습니다. 국가에 대한 공헌 여부는 국가에 세금을 얼마나 내고 있는지에 따라 결정됩니다. 그래서 능동적 시민이기 위해서는 25세 이상의 성인 남성으로 3일치 임금에 상당하는 금액의 직접세를 국가에 납부해야 했습니다. 이만한 세금을 납부하고 있던 것은 성인 남성의 약 60%로 간주되므로 나머지 40%의 가난한 국민은 참정권을 완전히 박탈당한 셈입니다.

게다가 의회 의원 선거는 선거구마다 우선 능동적 시민이 '선거인'을 선출하고, 이어서 그 '선거인'이 의원을 선출한다는 두 단계의 간접선거 방식이었습니다. 그리고 그 '선거인'이 되기 위해서는 더욱 많은 재산을 가질 필요가 있었기 때문에 실제로 의원 선거를 치를 자격이 주어진 것은 능동적 시민 가운데 60% 이하, 즉 성인 남성의 3분의 1 정도에 불과했습니다.

91년 체제의 주도 세력 입장에서는 신분 차별이 폐지되어 '재산 있는 자와 재능 있는 자의 집단' 사이에서만 평등한 권리가 보장되면 충분했고, 가난한 대중에게까지 평등한 권리를 보장할 필요는 없었던 것입니다. 이래서야 대중 입장에서는 인권선언에 명시된 '권리의 평등'도 '국민주권'도 유명무실한 조문이 되고 맙니다.

91년 체제를 주도한 유산자에게는 무엇보다도 신성불가침한 소유권 보장이 중요했습니다. 그리고 그러한 관점에서 영주가 가진 여러 권리를 살펴보았을 때, 그 전부를 무상으로 폐지할 수는 없다는 결론에 도달했습니다. 이를테면 영주가 농민에게 징수하는 연공은 영주의 주장에 따르면 본래 영주가 소유하고 있던 토지를 농민에게 빌려준 대가(지대)이므로, 만약 연공을 폐지한다면 농민은 영주에게 그에 대한 보상금을 지불해야 한다는 것입니다. 그래서 헌법제정 의회는 8월 4일 밤의 결의에서 폐지하기로 했던 영주의 여러 권리를 인간을 대상으로 행사할 수 있는 권리(영주 재판권과 상품 유통에 대한 세금 등)와 토지를 대상으로 행사할 수 있는 권리(연공 등)로 구분하여, 전자는 무상으로 폐지하지만 후자는 보상금을 지불할 경우 폐지되는 것으로 하고 그 보상금 액수를 한 해 연공의 20배(연공이 물납物納일 때는 25배)로 정했습니다.

이 20배라는 보상금에는 다음과 같은 구조가 내포되어 있습니다. 지금 어떤 영주가 한 농민에게 매년 1만 엔의 연공을 징수하고 있다고 합시다. 이 연공을 폐지하려면 농민은 영주에게 20만 엔의 보상금을 지불해야 합니다. 그 당시 남에게 돈을 빌려줄 경우의 이율은 1년에 5%였습니다. 영주는 그 20만 엔을 남에게 빌려주면 매년 1만 엔의 이자가 손에 들어오므로 아무런 손해도 보지 않습니다. 반면 농민은 20만 엔을 누군가에게 빌리면 최저라도 5%, 고리대금업자에게 빌리면 더욱 높은 이자를 지불해야 하므로 매년 1만 엔 이상의 이자 부담이 생깁니다. 따라서 농민은 연공을 납부할 때보다도 오히려 손해를 보며 결코 이익이 되지 않습니다. 결국 농민은 채무 지옥에 빠지지 않으려면 자신이 가진 토지의 상당 부분을 매각할 수밖에 없고, 그것이 싫다면 영주에게 연공을 계속 납부해야 했습니다.

이렇게 1789년 8월 4일 밤의 결의도 정작 중요한 부분에서 농민에게는 유명무실해졌습니다. 91년 체제하에서 구체제는 완전히 파괴되지 않았던 것입니다.

:: 경제적 자유주의의 문제점

91년 체제를 주도한 부르주아와 자유주의 귀족에게 있어 소유권에 버금가게 중요했던 것은 경제적 자유주의, 즉 온갖 경제활동을 자유화하는 것이었습니다. 그것은 앞의 64쪽에서 서술했듯이 경제활동의 자유가 자본주의 발전에 필수였기 때문입니다. 그래서 헌법제정 의회는 1789년 8월 29일의 법령에서 이미 '곡물 및 곡분穀粉의 판매와 수송은 왕국의 전 영역 내부에서 자유로워야 한다'라고 명시한 것을 시작으로, 90년 10월에 국내 관세를 철폐하여 상품 유통을 자유화하였고, 91년 3월에는 길드와 도제 제도를 폐지하여 상공업 영업의 자유를 규정하였습니다. 또한 동년 9월의 '농업 법전'에서 '프랑스의 토지는 그곳에 사는 인간과 마찬가지로 빠짐없이 두루 자유롭다'라고 밝힘으로써 경작의 자유(인클로저(영주나 지주가 목양업이나 대규모 농업을 목적으로 미개간지, 공유지 등 개방된 땅에 울타리를 쳐서 사유화한 것-역자 주)의 자유 등 농업 경영 방법의 자유화)와 농산물의 비축 · 매각의 자유를 인정했습니다.

이러한 일련의 자유화 정책 가운데 특히 중요한 것은 르 샤플리에(70쪽 참조. 그는 8월 4일 밤의 의장이기도 하였습니다)가 제안한 1791년 6월 14일의 법령(그의 이름을 따서 '르 샤플리에 법'이라고 불립니다)입니다. 이 법령은 '같은 신분 또는 같은 직업을 가진 시민들에 의한 모든 종류의 동업조합을 폐지하는 것은 프랑스 국제國制의 근본적 기초 중 하나이다'라고 명시하며, 길드와 같은 동업조합의 결성 및 직인과 노동자의 단결을 금지하는 단결금지법입니다. 본래 경제적 자유주의란 개인(또는 기업) 간의 공정한 자유경쟁을 실현하려는 것이기 때문에, 동업자나 노동자의 단결은 자유경쟁에 대한 방해물로서 금지되어야 했던 것입니다. 따라서 르 샤플리에 법은 경제적 자유주의의 기초를 이루는 중요한 법령이었습니다.

이렇게 경제의 자유화가 실현되지만, 자유방임은 약육강식과 같아 이들 정책은 가난한 대중에게 실로 가혹한 상황을 가져왔습니다. 특히 문제는 정작 르 샤플리에 법에 큰 결함이 있던 것입니다. 그것은 공적 제도로서의 동업조합 결성은 금지된 반면, 상인이나 생산자의 사적인 독점과 담합에 의한 가격 인상은 금지되지 않았다는 점이었습니다. 실제 각지의 시장에서는 곡물을 출하하는 부농(농촌의 부르주아)과 곡물 상인들이 독점(매석)을 하거나 서로 담합하여 곡물 가격을 끌어올리는 일이 빈번하였는데, 이것이 빵 가격의 상승을 불러와 대중을 괴롭혔습니다. 그런데도 임금 인상 요구를 위한 노동자의 단결은 엄격히 금지되었으니 이 법령은 매우 편파적이었던 셈입니다. 단적으로 말하자면 91년 체제의 경제 정책은 부자의 이익을 우선하고 대중의 복지를 돌보지 않았다고 할 수 있습니다.

:: 91년 체제의 붕괴

지금까지 살펴본 바와 같이 91년 체제는 1789년 10월에 '대강의' 원칙이 정해진 시점에서 보면 몇 가지 점은 오히려 후퇴하고 보수화된 체제였습니다. 의회가 이처럼 우경 노선을 취한 원인은 몇 가지가 있습니다. 당시 의회가 미라보나 라파예트 등 자유주의 귀족의 선도하에 국왕 및 궁정과의 마찰을 가급적 피하려는 정치적 판단을 우선한 것도 그 원인 중 하나입니다. 다만 최대의 원인은 의회를 대표하는 부르주아가 1789년의 승리로 자신감을 얻어 자신들이야말로 전 국민의 목소리를 대표한다고 굳게 믿은 결과, 왼쪽에서 가해지는 민중 및 농민의 압력과 오른쪽에서 가해지는 반혁명 세력의 위협을 모두 과소평가한 것입니다.

그러나 좌우 양 세력에 대한 과소평가는 큰 오산이었습니다. 부르주아에게 배신당한 민중과 농민은 각지에서 빵 가격의 인하와 연공의 무상 철폐를 요구하며 봉기라는 직접행동에 나섭니다. 보수적 귀족의 반혁명 세력은 국내에서 무력 반격의 기회를 엿보는 것은 물론, 잇달아 국외로 망명하여 외국 군대의 힘을 빌려 혁명을 타도하려 했습니다. 이러한 좌우 양익에서의 공격으로 91년 체제는 붕괴 일로를 걷게 됩니다.

그 붕괴의 한 가지 전환점이 된 것은 1791년 6월 20일 심야, 국왕 루이 16세와 그 가족이 변장하고 왕궁을 탈출한 뒤 왕비 마리 앙투아네트의 친정인 빈의 궁정을 의지하여 오스트리아로 도망치려 한 사건입니다. 국왕 일가는 동부 국경에 가까운 바렌에서 발각되어 파리로 송환되었지만, 이 사건으로 국왕에 대한 국민의 신뢰는 땅에 떨어지고 공

바렌에서 발견된 루이 16세와 그 가족

화주의가 점차 확산됩니다. 사태를 우려한 오스트리아 황제
는 프로이센 왕과 함께 '필니츠 선언'을 발표하여 프랑스 혁
명에 대한 무력간섭을 암시합니다. 이렇게 '귀족의 음모'라
는 관념은 반혁명파의 '외국과의 공모'라는 관념과 결합되어
대중의 불안과 불만이 한층 더 고조됩니다. 헌법제정 의회
는 1791년 9월 해산하고 새로운 '입법의회'가 성립하지만,
사태는 갈수록 심각해질 뿐이었습니다.

91년 체제 붕괴의 결정적 전환점이 된 것은 전쟁입니다. 입법의회 초기에는 보수적인 푀양파가 우세하다가 이윽고 지롱드파라는 당파가 유력해졌는데, 그들은 국내의 불만을 밖으로 돌리고자 전쟁열을 부추깁니다. 1792년 4월, 프랑스는 오스트리아에 선전포고하고 머지않아 프로이센과도 전쟁 상태에 돌입합니다. 그러나 준비가 부족했던 프랑스군은 패전을 거듭하여 적군이 국경을 넘어 침입해옵니다. 혁명을 수호하기 위해서는 그때까지 무시하던 대중의 실력에 기댈 수밖에 없었습니다. 1792년 7월, 입법의회가 '조국은 위기에 빠졌다'는 선언을 발표한 데 응하여 전국에서 의용병이 속속 파리에 집결, 그곳에서 대오를 갖추고 전선에 출진합니다(이때 마르세유에서 온 의용병이 부른 노래가 앞서 살펴본 라 마르세예즈입니다). 그런데 의용병이 출진한 뒤 궁정에서 다시 적과 공모한다면 어떻게 될까요. 그 위험을 차단하기 위해, 모여든 의용병과 파리의 민중이 8월 10일 봉기하여 왕궁을 습격하면서 왕정은 허무하게 쓰러졌습니다. 여기서 프랑스 혁명 그 자체의 노선 전환이 시작된 것입니다.

4. 1793년의 극약 효과

91년 체제가 극약의 작용을 될 수 있는 한 억제하려 한 데 반해, 1792년 8월 10일 왕정이 쓰러진 뒤의 철저한 혁명 노선은 부르주아가 대중과 손을 잡고 혁명을 추진하는 노선 이었습니다. 이 노선하에서 극약은 최대의 효과를 발휘합니다. 앞서 서술한 것처럼 이 새로운 노선은 1794년 7월 27일(테르미도르 9일)까지 계속되지만, 극약 효과의 절정은 93년이었습니다. 1791년에는 부르주아와 자유주의 귀족 간에 큰 이해의 대립이 없었기 때문에 대중을 배제한 '91년 체제'가 구축되었습니다. 그러나 1793년에는 부르주아와 대중 간에 이해의 대립이 컸던 탓에, 새로운 노선은 양자의 이해를 어떻게 조정하는가 하는 이른바 시행착오의 연속이자 장대한 실험 같은 것이었습니다. 그래서 93년에 관해서는 '체제'라는 단어를 사용할 수 없습니다. 낡은 체제를 타파하고 새로운 사회를 구축하려는 그 시행착오와 실험 속에서 극약은 가지각색의 효과를 올렸던 것입니다.

:: 노선 전환의 시작

새로운 철저한 혁명 노선 또한 1792년 8월 10일에 갑자기 나타난 것이 아닙니다. 1792년 초 안팎에서 반혁명 세력의 위협이 거세지는 가운데, 혁명을 수호하기 위해서는 대중과의 동맹이 필수적이라고 주장하는 사람들이 부르주아의 지도자 중에 이미 나타나 있었습니다. 파리 시장 페시옹도 그중 한 사람입니다. 샤르트르의 변호사로 지방장관 보좌이기도 했던 페시옹은 어엿한 부르주아지만, 헌법제정 의회에서는 로베스피에르와 함께 대중의 권리를 지키기 위해 분투한 소수의 민주주의자 중 하나였으며, 그 인망으로 1791년 11월 파리 시장에 막 당선된 직후였습니다. 그는 1792년 2월 6일, 친구 뷔조에게 보내는 편지에서 다음과 같은 의견을 피력하고 있습니다.

옛날의 제3신분은 이미 분열하였고 거기에 우리 고난의 진짜 원인이 있네. 부르주아라는 힘 있고 부유한 계급은 민중과 손을 끊어버렸지. 스스로 민중보다 상위에 있다고 생각하며 귀족과 같은 수준이라 굳게 믿고 말이야. 정작 귀족은 부르주아를 업신여기고 머지않아 굴복시켜 주리라 벼르고 있는데도. ……부르주아가 민중과 공통의 대의를 위해 살고자 하지 않는다면 그것은 참으로 무분별한 짓일세. 부르주아는 귀족이 이미 존재하지 않고 앞으로도 영구히 존재하지 못할 것이라 생각하여, 귀족에게 아무런 의혹도 품지 않고 귀족의 야망을 인정하려 하지도 않은 채 오히려 민중만을 불신의 눈으로 보고 있지만 이는 전적으로 잘못이네. 부르주아는 지금 유산자와 무산자無産者의 싸움이 시작되었다는 관념을 반복해서 주입받은 탓에 아무래도 그 관념에 사로잡히는 경향이 있어. 한편 민중은 부르주아에게 화를 내며 부르주아의 배은망덕함에 분개하고. ……이러한 양자의 다툼은 우리를 순식간에 파멸로 이끌겠지. 부르주아와 민중의 동맹이 혁명을 완수하였네. 또한 이 양자의 동맹만이 혁명을 유지할 수 있지

않겠는가. ······우리가 부르짖을 것은 단 하나, 부르주아와
민중의 동맹뿐이라네.

　이와 같은 페시옹의 말을 114쪽에 인용한 1789년의 프로
방스 관리의 말과 비교해보세요. 부르주아와 자유주의 귀족
의 동맹으로부터 부르주아와 대중의 동맹이라는 노선 전환
의 의미가 명료해질 것입니다.

　1792년 8월 10일 봉기는 왕정을 무너뜨리는 동시에 91
년 체제 자체를 타파하였습니다. 루이 16세와 그 가족은 유
폐되었고, 입법의회는 이전까지 국왕의 수중에 있던 행정권
을 임시행정부의 손으로 이양하였으며, 새로운 헌법을 제정
하기 위해 '국민공회'라는 의회를 새로 소집하기로 결정합니
다. 능동적 시민과 수동적 시민의 구별도 폐지되어 국민공
회 의원 선거는 성인 남성의 보통선거(두 단계의 간접선거)로 치러
졌습니다. 이렇게 새로운 노선을 향한 전환이 시작된 것입
니다.

혁명기의 여러 의회와 당파

1789년

5월 5일 | 전국삼부회 개회. 의원은 성직자 신분 331명, 귀족 신분 311명, 제3신분 654명, 후에 식민지에서 선출된 의원 19명이 더해져 합계 1,315명.

6월 17일 | 국민의회로 개칭.

7월 9일 | 헌법제정 국민의회(약칭=헌법제정 의회)로 개칭. 이 의회에서는 몇몇 그룹이 나타났으나 유동적으로, 당파라 부를 만한 정도는 아니었다. 1791년 9월 30일에 해산.

1791년

10월 1일 | 입법국민의회(약칭=입법의회) 개회. 이전 헌법제정 의회의 결의로 헌법제정 의회 의원은 재선이 금지되어 입법의회 의원은 모두 신인. 의원 정수는 745명. 우익의 푀양파가 260에서 300명, 중간파가 300에서 340명, 좌익의 지롱드파가 136명. 1792년 9월 20일에 해산.

1792년

9월 21일 | 국민공회 개회. 재선 금지 규정이 없어, 헌법제정 의회 의원이나 입법의회 의원이던 사람도 다수 선출되었다. 의원 정수는 749명. 우익의 지롱드파가 137에서 178명, 중간의 평원파가 약 250명, 좌익의 산악파가 267에서 302명. 단, 국민공회에서는 다수의 의원이 추방되거나 처형되면서 그 공석을 보궐 의원이 메웠기 때문에 당파의 구분은 일정하지 않았다. 1795년 10월 26일에 해산.

새로운 국민공회는 1792년 9월 21일 개회하여 왕정 폐지와 공화정 수립을 정식으로 결정하였습니다. 이 국민공회의 의원은 역시 거의 모두가 부르주아 출신이었으나, 대중과의 동맹에 어떠한 태도를 취하느냐에 따라 좌익(급진파)인 산악파山嶽派와 우익(온건파)인 지롱드파로 나뉘었고 양자의 중간에 부동적浮動的인 평원파平原派가 있었습니다. 혁명기의 의회와 당파는 복잡하지만 아주 간단히 표시하면 앞의 표와 같을 것입니다. 입법의회에서 좌익에 있던 지롱드파는 국민공회에서는 온건파에 해당합니다.

산악파는 로베스피에르, 당통, 마라 등을 중심으로 대중과의 동맹을 유지하며 혁명을 철저히 완수하려 하였습니다. 산악파는 자코뱅파라 불릴 때도 있습니다. 자코뱅이란 의회 밖의 자코뱅 클럽이라는 정치결사로, 1789년 말 파리에서 설립될 당시에는 다양한 경향의 사람들이 모이는 회합이었으나 차츰 보수파와 온건파가 이탈하여 93년 이후로는 산악파의 지지기반이 되었습니다. 따라서 의회 안의 당파로서는 산악파, 의회 밖의 지지자도 포함한 정치 세력으로서는 자코뱅파가 되는 것입니다.

한편 지롱드파에서는 브리소, 베르니오, 콩도르세 등이 유명하며 그 롤랑 부인의 살롱이 그들의 모임 장소였습니다. 지롱드파는 특히 대서양안 무역항의 대상인과 유대가 강하여(지롱드파라는 이름도 보르도 항이 있는 지롱드 주에서 유래하여 나중에 붙은 것입니다), 부르주아의 이해를 우선하고 대중과의 동맹에는 소극적이었습니다. 산악파와 지롱드파 모두 현대의 정당과 달리 매우 느슨하고 유동적인 그룹이었기 때문에 그 수를 정확히 파악할 수는 없지만, 산악파가 지롱드파보다 다수였습니다. 단, 중간에 있는 평원파가 어느 쪽에 붙느냐에 따라 국민공회의 태도는 끊임없이 변화했습니다.

국민공회에서는 처음 지롱드파가 평원파를 끌어들여 우세하였으나, 1793년 1월 루이 16세의 재판 당시 즉시 처형을 주장하는 산악파가 다수를 차지한 것을 계기로 산악파가 우위를 점하게 되었습니다. 거기다 같은 해 봄, 영국의 참전으로 인한 전황 악화와 반혁명파 내란의 격화라는 나라 안팎의 심각한 위기를 맞아 대중의 힘을 결집하는 것이 불가결한 정세가 되면서, 산악파는 파리의 민중을 동원하여 의회에 압력을 가해 6월 2일 대중과의 동맹에 소극적이던 지롱드파의 주요 의원을 의회에서 추방해버립니다. 이렇게 권력을 손에 넣은 산악파는 국민공회 내부에 조직된 공안위원회에 권력을 집중시켜 철저한 혁명 노선을 추진하였고, 1793년 6월부터 94년 7월까지 산악파의 독재(자코뱅 독재)라 불리는 정치 상황이 나타납니다. 독재와 그에 동반된 테러(반대파를 폭력으로 배제하는 공포정치)가 불러온 참화에 관해서는 제4장으로 미루기로 하고 여기에서는 이 시기의 극약 효과를 살펴보겠습니다.

:: 정치적 민주주의

1793년의 철저한 혁명 노선은 부르주아가 민중 및 농민과 손잡고자 하는 노선이었기 때문에, 당연히 국민의 다수를 차지하는 대중의 의견을 가급적 존중하는 것, 즉 민주주의를 수립하는 것을 목표로 하였습니다. 그러므로 1793년의 극약 효과를 우선 정치적 민주주의 측면에서 살펴보도록 합시다.

앞에서 서술하였듯이 91년 체제의 능동적 시민과 수동적 시민의 구별은 1792년 8월 10일 이후에 폐지되고, 국민공회 의원 선거는 성인 남성의 보통선거(두 단계의 간접선거)로 치러졌습니다. 그리고 국민공회는 지롱드파를 추방한 뒤인 1793년 6월 24일에 91년 헌법을 대신할 새로운 93년 헌법을 제정하였습니다. 그 93년 헌법에서 '주권자인 인민은 프랑스 시민의 총체로서, 그 인민이 의원을 직접 선임한다'라고 규정함으로써, 성인 남성의 직접보통선거가 실현됩니다(여성의 참정권은 아직 문제시되지 않고 있었습니다). 이미 1789년의 인권선언이 인간은 '평등한 권리를 가진다'라고 명시하였음에도 이제야 겨우 실현된 것입니다.

그뿐만 아니라 93년 헌법은 법률의 제정에 대해 국민이 직접 그 가부를 결정하는 제도(레퍼렌덤. 인민투표)를 대폭 채용하여 직접민주제(의회를 통하지 않고 국민이 그 의지를 직접 국정에 반영시키는 것)를 도입합니다. 이미 1789년의 인권선언이 '모든 시민은 자신 스스로 또는 대표자를 통하여 법률의 작성에 참여할 권리를 가진다'라고 서술하였던 것이 '자신 스스로(직접)'라는 부분까지 포함하여 여기서 비로소 완전히 실현되었습니다.

나아가 93년 헌법은 인민이 봉기(반란)할 권리를 인정하면서 '정부가 인민의 제 권리를 침해할 때 봉기는 인민 및 인민의 각 부분에 있어 가장 신성한 권리이자 가장 불가결한 의무이다'라고 명시하였습니다. 이미 1789년의 인권선언은 기본적 인권의 하나로서 '압제에 대한 저항'을 규정하고 있었는데, 93년 헌법은 그 저항권을 봉기라는 형태로 행사하도록 승인한 것입니다. 이는 1789년 여름의 봉기에 의한 구체제 타도와 92년 8월 10일 봉기에 의한 91년 체제 타도를 이른바 사후 승인하는 동시에 국민의 실력 행사에 따른 직접민주제를 공인한 것이라 할 수 있습니다.

이렇게 1793년에는 극약 효과로 인해 89년의 인권선언이 완성되어 정치적 민주주의의 원리가 수립합니다. 앞서 제1장에서 1789년의 원리는 93년에 완성된 것이나 다름없다고 적은 것은 이를 가리키는 말입니다.

그러나 1793년의 민주주의가 그대로 정착한 것은 아닙니다. 93년 헌법은 평화가 도래한 뒤로 그 실시가 연기되었기 때문입니다. 그리고 1794년 테르미도르 9일에 산악파가 몰락하고 혁명 노선이 다시 우경화되면서(111쪽 그림 3) 이 헌법은 결국 실시되지 못한 채 끝을 맞았습니다. 성인 남성의 보통 선거는 테르미도르 이후 폐지되었다가 1848년의 2월 혁명에서 부활하지만, 제대로 정착한 것은 제3공화정하인 1875년 이후의 일입니다. 따라서 1793년의 민주주의는 이를테면 미래를 앞서간 시행착오이자 실험이었다고 할 수 있습니다.

다만 이 시행착오와 실험 과정에서 정치에 대한 사람들의 의식과 태도는 크게 변화하였습니다. 일반 사람들이 일상적으로 정치(나라의 정치뿐만 아니라 마을과 도시를 포함하는 넓은 의미에서의 정치)에 어떤 식으로 참여하는가 하는 참여 방식을 최근의 역사학은 '정치문화'라 부르고 있으므로 그 단어를 사용하자면, 1793년에는 헌법의 실시 여부와는 별개로 새로운 정치문화가 성장한 것입니다.

일례로 필자가 조사했던 노르망디의 생니콜라 달리에르몽이라는 마을의 경우를 살펴봅시다(이 마을의 혁명 전 상황은 78쪽의 표와 같았습니다). 혁명 직전 총호수가 약 350호였던 이 마을에서 1789년 3월 전국삼부회 의원 선거를 위한 집회에 출석한 사람은 19명에 불과했으나, 그 후 개최된 각종 주민 집회에 출석한 사람은 91년 11월에 60명, 92년 12월에 80명, 93년 3월에 85명, 그리고 93년 12월에 196명으로 증가하였습니다. 이 평범한 마을에서 1793년에는 89년의 10배 이상 되는 주민이 마을의 정치에 참여했다고 하는 이른바 풀뿌리 민주주의라 할 만한 새로운 정치문화의 성장을 확인할 수 있는 것입니다.

더 나아가 전국으로 시야를 넓혀봅시다. 1793년에는 전국에 걸쳐 다양한 정치결사가 급증합니다. 파리의 자코뱅 클럽에 대해서는 앞에서도 언급하였지만, 파리는 물론 그 밖의 지방에도 가지각색의 이름을 가진 정치결사가 설립되었고, 그들은 서로 연락을 주고받으며 각 지역의 혁명운동 거점을 형성하는 한편 의회에 청원서와 건백서建白書를 활발히 제출하였습니다. 최근의 연구에 따르면 혁명기에 설립된 이러한 정치결사의 총수는 전국에 6,027개에 달하는데 그 대부분이 1793년부터 94년에 걸쳐 설립된 것입니다. 구체적으로는 1789년에서 92년 말까지 설립된 것이 약 1,750개인 데 비해 93년 초에서 94년 9월 사이에 설립된 것은 4,000개 이상에 이릅니다.

이렇게 1793년에는 풀뿌리 민주주의라 할 만한 정치문화가 전국적으로 확산되었습니다. 이 새로운 정치문화는 그 후의 프랑스에 중요한 유산으로 남습니다. 19세기 프랑스에서 1830년의 7월 혁명, 1848년의 2월 혁명, 1871년의 파리 코뮌 등 대중 자신의 손에 의한 정치적 변혁 시도가 이루어지는 것은 1793년의 극약 효과가 계승된 결과라고 해도 좋을 것입니다.

:: 사회적 민주주의

민주주의라는 단어는 보통 국민의 다수 의견을 바탕으로 정치를 행하는 것, 즉 정치적 민주주의의 의미로 사용됩니다. 하지만 조금 넓게 생각한다면 사회 문제에 대해서도 민주주의의 이념을 보급시킬 필요가 있습니다. 사회나 경제 문제에 대해 가급적 일반 대중의 이익에 부합하는 정책을 취하는 것을 '사회적 민주주의'라고 합니다. 19세기 프랑스의 사상가 토크빌은 민주주의란 '여러 조건의 평등' 즉 사람들 사이의 여러 가지 조건(환경)을 가급적 평등하게 하는 것이라고 말했습니다. 정치적 조건(예를 들어 참정권)을 평등하게 할 뿐만 아니라 사회적 조건(예를 들어 생활수준)도 가능한 한 평등에 가깝게 하는 것이 민주주의의 이상입니다. 따라서 민주주의의 이상을 추구하기 위해서는 정치적 민주주의와 더불어 사회적 민주주의의 실현이 중요해집니다.

그러나 사회적 민주주의의 실현은 무척이나 어려운 과제였습니다. 왜냐하면 그에 관해서는 부르주아와 대중의 이해가 정면으로 대립하기 때문입니다.

본래 프랑스 혁명은 신분 차별과 특권 위에 세워진 구체제의 파괴를 지향하는 것이었으므로 자유와 함께 평등이 중요한 목표였습니다. 하지만 이 자유와 평등에 대해 부르주아와 민중 및 농민 사이에는 큰 이해의 대립이 있었습니다. 부유한 부르주아 입장에서 가장 중요한 것은 자유, 특히 경제활동의 자유로서 평등에 있어서는 참정권의 평등까지는 인정한다 해도 자신들의 재산을 위협하는 사회적 평등은 도저히 인정할 수 없었습니다. 한편 가난한 대중 입장에서는 경제활동의 자유가 약육강식에 의한 빈부 격차 증대를 야기하므로 경제적 자유를 제한하여 상품의 가격을 통제할 필요가 있었고, 평등에 있어서는 참정권의 평등뿐만 아니라 더 나아가 사회적인 평등, 즉 사회적 민주주의의 실현이 불가결했습니다. 간단히 말해 부르주아는 자유경제에 의한 자본주의 발전을 지향하며 사회적 민주주의를 거부하고, 대중은 자본주의 발전을 저지하기 위해 사회적 민주주의 실현을 지향한다는 근본적인 이해의 대립이 존재했던 것입니다.

물론 당시에는 아직 자본주의라는 단어가 사용되지 않았으니 민중과 농민이 "자본주의 반대!" 같은 말을 외친 것은 아닙니다. 단지 그들은 앞서 제2장에서 서술하였듯이 빵과 토지를 요구함으로써 자본주의 발전으로 인한 자신들의 몰락을 막으려 했습니다. 또한 가난한 대중은 자신들의 요구를 정리해서 표명할 만한 지식을 가지고 있지 않았습니다. 그들의 요구를 대변한 것은 그 힘겨운 일상생활을 빠짐없이 지켜보고 있던 마을과 도시의 사제였습니다. 그러한 사제는 '붉은 사제'라 불렸는데, 그중 한 사람 자크 루는 1793년 6월 25일 국민공회에 출두하여 그 전날 막 제정된 93년 헌법을 비판하며 이렇게 말했습니다.

한 계급 사람들이 처벌받는 일도 없이 다른 계급 사람들을 굶주리게 할 수 있을 때 자유는 공허한 환영에 불과하다. 부자가 독점으로 동포에 대한 생살여탈권을 행사할 때 평등은 공허한 환영에 불과하다.

이처럼 가난한 대중이 부를 독점하는 부르주아를 공격하며 사회적 민주주의를 요구할 때 국민공회로 대표되는 부르주아는 어떤 태도를 취할 수 있을까요. 가장 간단한 것은 대중과 손을 끊는 것으로, 지롱드파는 이 방법을 사용하려 했습니다. 하지만 산악파는 안팎의 강력한 반혁명 세력으로부터 혁명을 수호하기 위해서는 부르주아와 대중의 동맹 유지가 불가결하다고 판단하여, 부르주아와 대중 쌍방에 양보를 구하는 한편 양자의 이해를 어떻게든 조정하고자 노력합니다. 이 조정 작업은 세계사상 전례가 없는 작업으로 그런 만큼 글자 그대로 시행착오의 연속이었습니다. 그 시행착오 속에서 극약이 어떤 효과를 올렸는지 지금부터 빵의 문제, 토지의 문제, 복지의 문제라는 세 가지 문제에 대해 살펴보도록 합시다.

:: 빵의 문제

　지금 인용한 자크 루는 같은 연설 속에서 '식료품 가격을 상퀼로트(민중운동 주도자들)의 손이 닿는 곳에 놓는 것만이 그들을 혁명으로 이끌 수 있다'라고 말합니다. 대중의 가장 강한 요구 중 하나는 빵을 비롯한 생활필수품 가격을 통제하여 생활의 안정을 꾀하는 것이었으며, 이 요구는 종종 식량 봉기라는 격렬한 형태로 나타났습니다. 그러나 자유경제를 고집하는 부르주아는 가격 통제를 허용할 수 없었습니다. 이처럼 대립하는 이해를 조정하기 위해 채용된 것이 르 샤플리에 법의 결함을 시정한다는 조치였습니다.

　앞에서 알아보았듯이 1791년의 르 샤플리에 법은 공적 제도로서의 동업조합 결성을 금지하면서 상인이나 생산자의 사적인 독점과 담합은 금지하지 않는다는 결함을 가지고 있었습니다. 그 때문에 각지의 시장에서는 곡물의 소유자들(부농과 곡물 상인)이 독점(매점매석)을 하거나 서로 담합하여 곡물 가격을 끌어올리는 일이 빈번하였습니다. 그래서 국민공회는 1792년 12월 22일의 법령을 통해 곡물의 매점과 곡물 가격에 대한 담합을 형법상의 범죄로서 엄히 처벌하기로 합니다. 담합이란 그 법령의 제2조에 따르면 '서면에 의한 것이든 그 밖의 어떠한 방법에 의한 것이든 곡물이나 곡분의 가격을 끌어올리기 위해 단결하는 일'입니다. 이렇게 르 샤플리에 법의 결함은 극약 효과로 인해 비로소 시정되었습니다.

이 새로운 법령은 독점과 담합을 원하던 부르주아 입장에서는 대중의 요구에 대한 양보라고 생각되었을지도 모릅니다. 그러나 이 법령은 부르주아 전체의 이익을 희생시킨 것이 절대 아니며, 오히려 경제적 자유주의를 그 본연의 모습으로 되돌리는 것이었습니다. 경제활동의 자유라고 하면 상품을 독점하건 가격을 담합하건 자유라고 생각할지도 모릅니다. 하지만 자유경제란 공정한 자유경쟁 위에 비로소 성립하는 것입니다. 그러므로 공정한 자유경쟁을 방해하는 독점과 단결(담합)을 금지하는 것이야말로 자유경제의 바람직한 상태라고 할 수 있습니다. 이와 같이 1792년 12월 22일의 사적 독점·단결금지법이 경제적 자유주의를 본래의 바람직한 모습으로 되돌리는 것이었기 때문에, 이 법령은 그 대상을 곡물뿐 아니라 온갖 상품으로 확대하고 1810년 나폴레옹이 제정한 형법전으로 계승되어 공정한 자유경쟁에 입각한 자유경제를 확립하는 데 공헌합니다. 극약은 부르주아도 대중도 예상하지 못한 효과를 후세에 남긴 것입니다.

또한 이 법령이 가격의 인위적 상승을 금지했음에도 불구하고, 당시 아시냐라는 지폐 발행으로 인한 인플레이션이 진행되어 대중을 괴롭히자 국민공회는 1793년에 곡물을 비롯한 생활필수품에 대한 '최고가격법'을 규정하여 물가 통제를 단행합니다. 하지만 이 조치는 어디까지나 전시 중의 임시조치로서 테르미도르 이후 폐지되었으므로, 그 효과는 극히 일시적인 것으로 끝났습니다.

:: 토지의 문제

농민들은 연공 폐지에 고액의 보상금을 지불해야 하는 데 강한 불만을 품고 모든 연공을 무상으로 폐지할 것을 요구하였습니다. 귀족과 손을 끊고 새로운 노선으로 전환한 의회는 농민의 지지를 얻기 위해 이 요구를 받아들입니다. 입법의회는 8월 10일 봉기 직후인 1792년 8월 25일에 연공의 무상 폐기 원칙을 결정하고, 국민공회는 지롱드파 추방 직후인 93년 7월 17일에 모든 영주적 제 권리의 완전한 무상 폐기를 확정했습니다. 이렇게 극약 효과로 인해 구체제의 근간을 이루던 영주제는 소멸하였으며 그 후에도 부활하는 일은 없었습니다.

그러나 영주제의 무상 폐기만으로 농민은 만족하지 않았습니다. 왜냐하면 농촌 주민의 대다수는 얼마 안 되는 토지를 일구며 농촌공업으로 품삯 벌이를 하거나 날품팔이에 종사하는 빈농과 일용농이었기 때문입니다. 이 가난한 농민들은 빵뿐만 아니라 무엇보다 먼저 토지를 요구했습니다. 당시 농촌에서 넓은 토지를 소유하고 있던 것은 귀족과 성직자(교회), 도시의 부르주아 등 지주들이었으므로 가난한 농민은 그러한 지주의 토지 중 적어도 일부분을 어떠한 형태로든 손에 넣고 싶다고 갈망한 것입니다. 물론 지주의 토지 소유권은 인권선언에 의해 신성불가침한 것으로 보장되었기 때문에, 의회는 토지를 구하는 농민의 요구에 쉽사리 응할 수는 없었습니다. 하지만 혁명기의 재정 문제를 계기로 농민에게도 토지를 손에 넣을 수 있는 기회가 주어집니다. 그 사정은 다음과 같았습니다.

혁명이 시작되었을 때 의회는 구체제하에서의 막대한 재정 적자를 그대로 계승하였습니다. 그래서 헌법제정 의회는 1789년 말 성직자의 재산을 몰수하여 국유화한 뒤 그것을 매각해 재정 적자를 메우고자 했습니다. 또한 전쟁이 시작되자 입법의회는 1792년 7월 말에 국외로 망명한 사람(대부분 귀족)의 재산을 몰수·국유화하고 그것을 매각하여 전쟁 비용을 충당하기로 결정합니다. 이렇게 국유화된 성직자와 망명자의 재산은 거의 대부분이 토지였으므로, 농민도 그것을 입수할 기회를 얻은 것입니다.

거기서 이 대량의 국유화된 토지를 어떤 식으로 매각하느냐가 큰 문제가 됩니다. 즉 재정 문제를 중시한다면 그 토지는 비싼 값에 빨리 팔아야 하니, 농장마다 일괄로 경매에 부치는 것이 가장 좋습니다. 하지만 그래서야 농민은 손도 대지 못하고 부르주아 등이 전부 사버리고 말 것입니다. 농민들은 그 토지를 작게 나누어 농민에게도 분배하며 대금은 연부年賦로 지불하게 해달라고 요구합니다. 둘 사이에 낀 국민공회는 매각 방식에 대해 시행착오를 거듭했으나, 결국 일괄경매 방식이 유지되었기 때문에 농민에게 크게 불리했습니다.

다만 농민도 가만히 있지는 않았습니다. 마을 사람들은 집단으로 경매장에 몰려가 부르주아의 입찰을 배제하고 공동으로 토지를 구입한 뒤 그 토지를 서로 분배한다는 공동구입 방식을 고안합니다. 국민공회는 이 방식을 금지하지만, 단결한 농민은 금지령을 어기고 여러 차례 이 방식으로 토지를 획득하는 데 성공하였습니다. 르페브르가 북프랑스 노르 주를 분석한 결과에 따르면, 격렬한 농민운동의 무대가 된 주 남부에서는 농민이 매각된 국유재산 총면적의 64%를 획득하였으며, 게다가 그 획득지의 67%는 1헥타르 이하의 소규모 농지였습니다. 실력 행사라는 극약을 통해 농민은 부분적으로나마 사회적 민주주의(이 경우에는 농민적 민주주의) 실현에 성공한 것입니다.

:: 생존권과 공적 부조

지금까지 살펴본 바와 같이 민중과 농민이 빵과 토지를 요구할 경우, 그 요구의 이면에 있는 것은 소유권의 신성불가침 원칙에 어떠한 형태로든 제동을 걸려는 시도였습니다. 왜냐하면 소유권이 절대적인 이상에는 곡물의 소유자가 그것을 어떤 가격에 팔건 불평할 수 없으며, 지주가 아무리 넓은 토지를 소유하고 있어도 트집 잡을 수 없기 때문입니다. 그래서 민중운동과 농민운동 가운데서는 소유권(재산권) 그 자체를 공격하면서 '대토지 소유를 분할하라'거나 '재산의 최고한도를 설정하라'는 목소리도 나왔습니다. 하지만 그런 목소리에 부르주아가 귀를 기울일 리가 없었습니다. 그러자 대중운동의 대변인들은 소유권을 직접 공격하는 것이 아니라, 소유권에 대항하여 제동을 걸 수 있는 무언가 새로운 권리를 고안하고 그것을 주장해야겠다고 생각하기 시작합니다. 그 새로운 권리란 '굶주리지 않을 권리'였습니다. 앞에서 언급한 자크 루와 같이 '붉은 사제' 중 한 사람으로 농민운동의 대변인이던 돌리비에라는 인물은 1792년 5월의 어느 청원에서 이렇게 이야기하고 있습니다.

　　가난한 노동자나 일용농의 손이 닿지 않을 만큼 식량
　　가격이 오르는 것을 방치함은 곧 그들에게서 식량을 빼앗
　　는 일이며, 바꿔 말하면 굶주리지 않을 권리가 오직 부유
　　한 인간에게만 주어진다는 뜻이 된다.

　이 '굶주리지 않을 권리'라는 것은 최저한도의 생활을 영
위할 권리, 즉 '생존권'을 말합니다. 돌리비에는 아무리 가
난한 사람이라도 생존권이 있음을 주장하면서, 그 생존권을
통해 소유권에 제동을 걸고자 한 것입니다.

　1789년의 인권선언은 생존권을 기본적 인권으로 인정하
지 않고 있었습니다. 그것은 의회가 가난한 사람은 멋대로
굶어 죽으라고 생각했기 때문이 아니라, 사회적으로 핸디캡
을 짊어진 사람들(고아와 장애인 등)만 자선사업으로 구제하면 될
일이며, 신체에 장애도 없으면서 걸식하는 것은 게으름뱅이
라고 생각했기 때문입니다. 그러나 약육강식의 자유경제하
에서 빈부 격차는 점점 더 벌어져, 일하고 싶어도 경작할 토

지나 근무할 직장을 구하지 못하는 빈곤층이 계속 늘어나고 있었습니다. 돌리비에는 그러한 빈곤층을 위해 처음으로 생존권이라는 권리를 주장했던 것입니다.

산악파 지도자 가운데 돌리비에의 이러한 청원을 읽고 큰 감명을 받은 사람이 있었습니다. 바로 로베스피에르입니다. 그는 1792년 12월 2일에 국민공회에서 이렇게 말합니다.

사회의 가장 중요한 목적은 무엇인가. 그것은 인간이 가진 불멸의 여러 권리를 유지하는 것이다. 그 여러 권리 중에서 으뜸은 무엇인가. 생존할 권리이다. 그러므로 사회의 첫째가는 법은 사회의 모든 구성원에게 생존의 수단을 보장하는 법이고, 그 밖의 모든 법은 이에 종속된다. …… 인간에게 필요한 식료품은 생명 그 자신과 마찬가지로 신성하다. 무릇 생명의 보전에 불가결한 것은 사회 전체의 공동소유이며, 그 이상의 초과 부분만이 개인적 소유이다.

여기서 로베스피에르는 '생존권의 우위'라는 중요한 발언을 하였습니다. 그에 따르면 사회의 재물(특히 식료품) 가운데 사회 모든 구성원의 생존권을 보장하는 데 필요한 부분은 모두를 위해 비축하며, 그 이상의 초과 부분만이 개인의 소유(사적 소유)에 속하게 됩니다. 만인에게 생존권을 보장하고 그 보장에 필요한 만큼 소유권을 제한하자는 이 주장은 대중이 요구하는 사회적 민주주의에 최소한의 만족을 주려는 것이었습니다.

그의 주장은 부르주아를 대표하는 국민공회의 찬동을 얻지는 못했습니다. 하지만 지롱드파를 추방한 뒤에 제정된 93년 헌법은 로베스피에르의 주장 일부를 채용하여 '사회의 목적은 공동의 행복이다'라고 선언하는 한편 '공적 부조는 신성한 의무이다. 사회는 불행한 시민들이 일자리를 얻게 함으로써, 또는 일할 수 없는 상태에 있는 사람들에게 생존의 수단을 보장함으로써, 그들의 생활을 보장할 의무를 가진다'라고 규정하였습니다. 이 93년 헌법은 결국 실시되지 못한 채 끝났으나, 공적 부조(공공기관에 의한 생활보호)가 사회의 은혜가 아닌 '의무'라는 이 규정은 생존권에 대한 완곡한 표현으로서 현대 복지국가의 이념을 앞서간 것이라 할 수 있습니다.

:: 혁명의 종막

이렇게 1793년에는 로베스피에르를 비롯한 산악파의 노력으로 사회적 민주주의의 이상에 한 걸음 다가가려는 시도가 이루어졌습니다. 하지만 그 시도는 부르주아에게 큰 불만을 품게 했고, 반대로 대중에게는 아직 불충분하였습니다. 때문에 지롱드파를 추방하고 독재권을 장악한 산악파 내부에 부르주아의 이해를 우선하려는 우파(당통파)와 대중의 요구를 더 수용하려는 좌파(에베르파) 간의 대립이 발생합니다. 양측 중간에 선 로베스피에르파는 1794년 3월에 에베르파를 처형하고, 이어서 4월에 당통파를 처형합니다. 추방당한 지롱드파 의원도

단두대로 연행되는 당통
(1759~1794)

그 시점에는 대부분 체포·처형되었습니다.

이와 같은 공포정치의 진행은 의회 내부에서 로베스피에르파에 대한 강한 반감을 낳았습니다. 본래 산악파의 독재와 공포정치는 안팎에 도사린 반혁명파의 위협으로부터 혁명을 수호하기 위한 것이었으나, 1794년 봄에는 공화국군의 승리로 반혁명파의 위협이 약해지면서 독재나 공포정치를 유지할 필요가 없어졌습니다. 이리하여 1794년 7월 27일(테르미도르 9일) 국민공회에서 로베스피에르파를 타도하는 쿠데타가 성공하였으며, 다음 날 로베스피에르는 그 동지들과 함께 처형됩니다.

테르미도르 이후 부르주아는 대중과의 동맹을 해소하였고, 혁명 노선은 다시 우경으로 전환되어 그 종막을 맞이합니다(111쪽 그림 3). 1794년 말에는 자코뱅 클럽이 폐쇄되고 생활필수품의 '최고가격법'과 같은 경제 통제가 폐지되면서 물가가 상승하여 민중의 생활이 힘겨워졌습니다. 파리의 민중은 1795년 4월과 5월에 '빵과 93년 헌법을'이라는 슬로건을 내걸고 봉기하지만, 바로 진압된 데다 많은 산악파 의원이 여기에 연루되어 사형이나 유형에 처해집니다. 그리고 1795년 8월에 새로운 헌법이 제정되어 5명의 총재로 구성되는 '총재정부'가 성립하는데, 그 헌법에서는 보통선거가 폐지되고 일정한 재산을 가진 사람에게만 의원 선거 자격이 주어졌습니다.

이렇게 재산을 가진 사람들의 지배가 부활하였습니다. 하지만 과연 부르주아는 독력으로 그 지배를 유지할 수 있을까요. 총재정부하에서 좌익으로부터는 평등주의 사회를 지향하는 바뵈프가 정부 전복 음모를 획책하고, 우익으로부터는 왕정 부활을 지향하는 왕당파가 정부 공격을 강화합니다. 좌우 양익의 위협 앞에 부르주아는 그저 군대의 힘에 기댈 수밖에 없었습니다. 그때 눈부신 승리를 통해 국민적 영웅이 된 나폴레옹 보나파르트가 부르주아의 수호신으로 나타납니다. 그리고 그가 1799년 11월 9일(브뤼메르 18일) 무력에 의한 쿠데타로 권력을 잡으면서 프랑스 혁명은 막을 내렸습니다.

10년여의 지그재그형 행보를 거쳐 혁명이 끝났을 때 극약은 어떤 효과를 후세에 남겼을까요. 여기에서 극약의 유산을 정리해둡시다.

우선 혁명 후에 그대로 정착한 효과가 있습니다. 그중 최대의 것은 구체제의 철저한 폐기입니다. 극약의 최초 효과로 나타난 1789년 8월 4일 밤의 결의와 인권선언에 의하여 구체제 폐기 원칙이 일단 정해진 뒤, 93년을 거치며 구체제 폐기는 비로소 완성되었습니다. 그리고 구체제를 대신하여 최종적으로 자본주의 발전에 적합한 사회가 구축되었다는 것은 앞에서 서술한 대로입니다.

사회 문제에 있어서도 1793년의 극약 효과 가운데 몇 가지는 그대로 정착했습니다. 공정한 자유경쟁을 위한 독점과 담합 금지는 그대로 나폴레옹 형법전에 계승되었고, 국유화된 토지를 획득한 농민의 새로운 소유지도 이제 더 이상 빼앗기지 않게 되었습니다.

다음으로 혁명으로부터 100년 가까이 지나 정착한 효과도 있습니다. 1793년의 정치적 민주주의 원리는 1875년 이후 제3공화정하에서 비로소 정착합니다. 마리아 스크워도프스카를 굴종에서 해방시킨 프랑스의 민주적 공화정은 93년의 극약 효과가 100년 후 나타난 것이었습니다.

마지막으로 20세기 중반이 되어서야 겨우 정착하는 효과가 있습니다. 1793년에 로베스피에르가 제창한 '생존권의 우위'라는 원리와 93년 헌법에 명시된 '공적 부조의 의무'라는 원리는 제2차 대전이 끝나고부터 현대 복지국가의 이상을 나타내는 것으로서 전 세계 사람들의 지지를 얻게 됩니다.

이렇게 1789년에서 93년에 걸쳐 프랑스 사람들이 용기를 내어 마신 극약의 효과는 지금도 여전히 우리 곁에 살아 숨쉬고 있는 것입니다.

제4장
극약의 고통에 대해 생각하다

단두대(기요틴)

지금까지 필자는 프랑스 혁명이 위대함과 비참함의 양 측면을 가진 것을 극약에 비유하여, 극약의 작용이 한편으로 사회를 변혁하는 위대한 효과를 발휘하는 동시에, 다른 한편으로 독재와 공포정치의 비참한 고통을 불러왔다고 서술하였습니다. 그리고 앞 장에서는 1789년부터 93년까지 극약이 올린 효과를 알아보았으므로, 이 장에서는 그 고통에 대해 생각해보아야 할 것입니다. 프랑스 혁명이 1793년 산악파의 독재(자코뱅 독재)로 귀결되고 그 아래에서 반대파의 잇따른 처형이라는 공포정치가 나타나기까지의 개요는 지금까지 이야기하였으니, 여기에서는 그러한 독재와 공포정치가 왜 나타났는지 그 메커니즘을 밝히는 데 중점을 두고 분석해보기로 하겠습니다.

제2장 마지막의 '왜 극약이 사용되었는가'라는 항목에서 정리했던 것을 떠올려봅시다. 혁명의 주도 세력에는 부유한 부르주아와 빈곤한 대중이라는 두 개의 사회층이 있었으며, 혁명의 철저화라는 극약의 복용을 추구한 것은 대중이었지

만, 새로운 사회의 설계도를 그림으로써 혁명을 지도할 수 있던 것은 부르주아였습니다. 이 대중의 힘과 부르주아의 두뇌가 결합했을 때, 즉 1793년의 철저한 혁명 노선에서 극약은 최대의 효과를 발휘한 동시에 그 고통 또한 최대가 되었습니다. 그러한 고통으로서의 독재와 테러(공포정치)는 한편으로 대중운동 속에서 발생하였고, 다른 한편으로 부르주아를 대표하는 의회 내부의 여러 당파 간 항쟁 속에서 나타나기도 하였습니다. 따라서 이 장에서 독재와 공포정치가 나타난 메커니즘을 밝히기 위해서는 첫째로 대중운동 자체의 성질을 분석하고, 둘째로 의회 내의 여러 당파 간 대립 항쟁 상황을 분석할 필요가 있습니다.

1. 대중운동의 두 얼굴

민중과 농민의 운동은 집단으로 청원서를 제출하거나 시위운동을 벌이는 등 평화적인 것도 있으나, 종종 창이나 소총 등으로 무장한 봉기라는 형태를 띠기도 합니다. 1789년 여름의 바스티유 점령과 영주 성관 습격이 그 대표적인 예이며, 그러한 봉기는 빵과 토지를 요구하는 대중운동의 가장 고조된 형태로서 그 후로도 각지에서 계속됩니다. 여기에서는 필자가 사료를 읽을 수 있었던 에탕프 사건의 경우를 간단히 소개하겠습니다.

사건은 1792년 3월 3일, 즉 91년 체제하에서 일어났습니다. 무대는 파리에서 남쪽으로 약 45킬로미터 떨어진 에탕프라는 인구 7,500명 정도의 도시입니다. 그날 아침 주변

여섯 개 마을의 농민 5~600명이 이 도시에 진입하여 도시의 민중과 합류한 뒤 시장으로 몰려가 곡물 가격 급등에 항의하면서 가격 통제를 요구합니다. 하지만 유산자가 지배하는 91년 체제하에서는 자유경제가 고수되어, 가격 통제는 위법이었습니다. 에탕프의 시장은 앞서 언급한 대로 시모노라고 하는, 부유한 부르주아의 대표적 인물입니다. 그는 군중을 향해 위법적 가격 통제는 절대 허용할 수 없다고 주장하며 승강이를 벌인 끝에 군중에게 살해당하고 맙니다. 이 사건에 놀란 의회는 즉시 군대를 파견하여 관계자 다수를 체포(그중 두 명에게 사형 선고)하는 한편 '법의 순교자' 시모노를 기리는 '법의 제전'을 거행하기로 합니다. 이것이 사건의 전말입니다.

이 사건에 즈음하여 봉기한 대중(주변 농민과 도시 민중)이 어떤 행동 양식을 보였는지 살펴보면 거기에는 두 가지 두드러진 특징이 있다는 사실을 알 수 있습니다.

첫 번째 특징은 대중이 시장으로 몰려갈 때까지의 질서 정연함입니다. 주변 농민이 나타났을 때의 상황에 대해 시청 의사록에 '그 군중 가운데 혹자는 소총으로, 혹자는 굵은

곤봉과 창으로 무장하였으며, 그들은 주변 농촌의 마을 관리를 앞세워 더없이 질서 정연하게 행진해왔다'라고 기록되었을 정도입니다. 그들은 먼저 마을 관리를 대표로 내세워 곡물 가격을 '정당한 선까지 인하할 것'을 요구합니다. 도시의 민중과 합류하여 시장市場으로 몰려갔을 때조차 시장市長을 비롯한 시의 관리들에게 '혹자는 온화한 어조로, 혹자는 강요적으로 곡물 가격 통제를 실시하도록 요청했을' 뿐이었습니다.

그러나 이 질서 정연했던 대중운동의 양상이 어느 순간 일변하여, 두 번째 특징인 피로 얼룩진 폭동이 되어 나타납니다. 이러한 변화의 계기는 두 가지가 있었습니다. 그중 하나는 농민이 도시의 문으로 진입하려 할 때, 흥분한 시장이 경비하는 기병대에게 발포를 명한 것입니다. 이 명령은 기병대장의 냉정한 판단으로 실행되지 않았지만, 대중은 시장市場으로 몰려가면 시장市長이 다시 발포를 명령할 것이라는 불안감과 위구심에 사로잡혀 흔히 말하는 '당하기 전에 해치우라'는 마음이 생긴 것입니다. 두 번째 계기는 그때까지 운동을 질서 정연하게 통제해왔던 지도자가 일시적으로 부재

상태가 되면서 대신 그 자리에서 선동자가 출현한 것입니다. 즉 군중을 이끌어온 마을 관리들이 교섭을 위하여 시청 안에 들어가는 바람에 일시적으로 지도자가 없어졌습니다. 그때 에탕프에 사는 민물고기잡이의 아내인 48세의 중년 여성이 시장市場 앞의 군중을 향해 이런 선동 연설을 합니다.

> 시장市長 시모노는 나쁜 놈이야. 그 자식이 도시의 문 옆에서 발포하라고 말하는 것을 내가 분명히 들었어. 이런 놈은 목을 매달아버리자. 너희들이 이놈의 목을 매달지 못한다면 모두 겁쟁이다.

이러한 계기들로 소위 브레이크가 풀린 군중은 시장을 살해하고 부시장에게 중상을 입혔을 뿐만 아니라, 시장의 잘린 머리에 곤봉을 찔러 넣고 그 피투성이 곤봉을 과시하기도 합니다. 그리고 농민들은 완전히 만족한 모습으로 '다음 토요일(장이 서는 날)에 또 오겠다'는 둥 협박하며 돌아갔습니다.

이렇게 에탕프 사건을 통해 나타난 대중운동은 질서 정연하게 사회적 민주주의를 요구하는 얼굴과 피투성이 폭력 행위로 치달은 얼굴 등 두 얼굴을 가지고 있었습니다. 이는 프랑스 혁명 그 자체가 가진 위대함과 비참함 두 가지 측면의 축소판이 아니었을까요.

:: 대중의 정의와 대중의 폭력

아래에 실은 그림과 사진을 한번 봐주세요. 왼쪽 유명한

들라크루아 작 '민중을 이끄는 자유'
(파리, 루브르 미술관 소장)

그림은 1830년의 7월 혁명을 주제로 한 들라크루아의 '민중을 이끄는 자유'로서 자유와 정의를 요구하는 민중의 숭고한 모습입니다. 오른쪽 사진은 1944년 8월, 그때까지 나치스 독일군의 점령하에 있던 프랑스의 도시 샤르트르가 연합군에 의해 해방된 직후 독일 군인의 애인이었던 프랑스 여성이 머리를 삭발당하고 아이를 안은 채 거리 안을 끌려 다니는 장면입니다. 이 사진의 정경 또한 자유를 회복한 민중의 정의감의 표출일 것입니다. 하지만 여러분은 이 여성이 '고

1944년 8월 18일, 샤르트르에서. 로버트 카파 촬영.
© Robert Capa/Magnum Photos Tokyo

소하다'고 생각하나요. 머리를 삭발당한 여성을 비웃는 사람들도 그 대부분은 소극적인 형태로라도 독일군에 협력하도록 강제되었을 것입니다. 그들은 말하자면 이 여성을 표적 삼아 그때까지의 울분을 풀었던 셈입니다. 민중의 정의감은 때때로 상당히 잔혹한 복수의 형태로 나타난다고 생각되지 않나요.

혁명기의 대중운동도 이러한 숭고함과 잔혹함, 위대함과 비참함의 두 얼굴을 가지고 있었습니다.

1789년부터 93년까지 대중의 봉기는 대체로 어느 정도의 질서와 규율을 지켰습니다. 예를 들어 영주의 성관을 습격할 때 연공 대장만 불태우고 나면 영주에게 위해를 가하는 일은 드물었고, 빵을 구하기 위해 빵집에 몰려가도 빵을 공짜로 약탈하는 것이 아니라 '정당한 가격'이라고 생각하는 금액을 두고 왔으며, 토지 획득을 위해 국유재산 경매장에 몰려갔을 때도 '정당한 가격'으로 공동구입합니다. 즉 대중은 구체제 타파와 사회적 민주주의 실현이라는 대의를 위하여 어느 정도 질서와 규율을 유지하면서 봉기했던 것입니다.

그 봉기가 일변하여 피로 얼룩진 폭력 행위가 된 것은 어째서일까요. 거기에는 대략 네 가지 원인이 있었습니다.

그중 첫 번째 원인은 에탕프 사건에서도 볼 수 있듯이 적에게 당하는 것은 아닐까 하는 불안감과 위구심 탓에 '당하기 전에 해치우라'는 마음이 싹튼 것입니다. 1789년의 대중 봉기는 '귀족의 음모'에 대한 '방위적 반작용'의 결과였으나, '귀족의 음모'에 대한 두려움은 그 이후 국내의 반혁명파가 외국군의 힘을 빌려 혁명을 타도하려 한다는 '외적과의 공모'에 대한 두려움으로 인해 더욱 증폭됩니다. 1792년 여름, 적군이 국경을 넘어 침입해왔을 때 대중은 궁정이 외적과 공모하는 것을 방지하기 위해 8월 10일 봉기로 왕정을 무너뜨렸습니다. 하지만 적군은 한층 깊이 침입해옵니다. 그러자 파리에서는 반혁명파로 간주된 다수의 용의자를 투옥합니다. 그리고 9월 초, '적은 우리 문 앞에 있다'라는 경보를 접한 민중은 감옥에 침입하여 죄수들을 몰살시킵니다. 이 '9월 학살'의 희생자는 1,400명 가까이 달하는데, 그 태반이 반혁명파와는 관계없는 일반 죄수였습니다. 불안에 사로잡힌 대중운동은 때때로 분별없는 살육으로까지 치닫는 것입니다.

1792년 9월의 학살

　'9월 학살'과 같은 유혈 사건의 경우 두 번째 원인으로는 에탕프 사건과 마찬가지로 지도자의 부재라는 점이 있습니다. 8월 10일 봉기 자체가 혁명 지도자들의 예상을 뛰어넘는 사건이었기 때문에 그 후 당분간은 지도자의 제동이 들지 않고 대중이 폭주했던 것입니다. 이 당시의 상황은 '최초의 공포정치'라 불리고 있습니다. 이와 같이 공포정치는 처음부터 혁명 지도자가 조직한 것이 아닙니다. 그것은 처음 대중운동 자체 안에서 이른바 자연발생적인 테러(정치적 폭력 행위)로서 태어났습니다.

이러한 대중적 테러의 발생 이면에는 또 하나, 세 번째 원인으로서 대중의 굴절된 심정과 궁박한 생활이 있었습니다. 그들은 귀족과 영주에 대한 굴종을 강요당했고, 또한 부르주아에 의한 부의 독점과 곡물 가격 상승으로 생활의 위기에 처했습니다. 앞에서 언급한 물랭의 기요틴에 적힌 글귀가 귀족도 부자도 용서하지 않겠다고 말하는 것은 대중의 원한과 복수심의 표출이라 할 수 있습니다.

그리고 네 번째의 아마도 가장 큰 원인은 대중이 자신들이야말로 정의의 편이라고 믿었던 점일 것입니다. 자신이 정의이자 진리라고 믿을 때 인간이 적에게 얼마나 잔혹해질 수 있는지, 예를 들면 종교 전쟁에서의 살육을 생각해보세요. 구체제 타파와 사회적 민주주의 실현이라는 정의를 위한 봉기도 그것이 정의라고 믿게 된 순간부터, 적으로 간주되는 자에게 한없이 잔혹해질 가능성을 내포했습니다. 대중의 정의감과 대중의 폭력은 그야말로 동전의 앞뒷면 같은 관계에 있는 것입니다. 인간 그 자체의 위대함과 비참함으로 이어지는 이 점에 대해서는 나중에 다시 한 번 다루기로 합니다.

대중적 테러는 이들 네 가지 원인으로 발생했다고 할 수 있습니다. 본래 가난한 농민과 민중은 영주에게 꿇어 엎드리기를 거부하고 '굶주리지 않을 권리'를 주장하여, 인간의 존엄을 회복하고 인간답게 살기 위해 봉기했을 것입니다. 그런 봉기가 도리어 피로 얼룩진 테러를 낳았으니, 여기에 극약의 고통의 근원이 있었습니다.

:: 의회정치의 기능 부전

사회운동으로서의 대중운동이 이러한 두 얼굴을 가졌던 것과 마찬가지로 정치 문제에 있어서도 대중운동은 두 가지 측면을 가지고 있었습니다. 그것은 정치적 민주주의를 추구하면서도 의회정치의 기능을 방해했다는 점입니다.

정치적 민주주의에 대해서는 이미 살펴보았듯이 91년 체제가 붕괴한 뒤에 새로운 정치문화가 성장하면서, 대중은 전국의 지방자치체와 정치결사를 통해 활발히 의견을 표명하게 되었습니다. 그런데 오늘날의 눈으로 보면 뜻밖에도

그들은 국민을 대표할 터인 의회에 자신들의 대표를 보내고
자 하는 의식이 희박했습니다. 혁명기 의원 선거 가운데 보
통선거가 실시된 것은 1792년 8월 말의 국민공회 의원 선
거뿐이지만, 최근의 연구에 따르면 이때의 투표율은 파리에
서 10%가 채 못 되었고 전국에서도 15% 정도에 그쳤습니
다. 당선된 의원의 거의 대부분이 부르주아였던 것도 당연
합니다.

이처럼 낮은 투표율은 민주주의에 대한 대중의 의식이 오
늘날과는 크게 달랐음을 시사하고 있습니다. 그들은 빵과
토지에 관련된 일상생활 문제에는 민감했으나, 국민대표제
나 의회정치 같은 것은 중시하지 않았습니다. 그들이 생각
하는 민주주의는 오히려 봉기나 시위운동 같은 직접행동을
통해 정치를 움직이는 것이었습니다. 그래서 그들은 의회가
제정한 법률에도 무게를 두지 않습니다. 1792년 7월 파리
의 한 지구가 왕정 폐지 호소문을 내는데, 거기에는 '시민들
이여, 조국을 구하기 위해 법률을 잊을 권리를 획득하지 않
겠는가'라고 적혀 있었습니다. 즉 그들은 혁명기에는 비합법
도 정당화된다고 생각했던 것입니다. 그리고 국민공회가 성

립한 뒤에도 파리의 민중은 방청석에서 의원에게 압력을 가했을 뿐만 아니라, 1793년 6월에는 의회를 포위하고 지롱드파 의원을 추방시켰으며(산악파의 독재 수립), 또한 동년 9월에도 역시 의회에 몰려가 모든 반혁명 용의자 체포를 비롯한 비상수단을 채용(공포정치의 조직화)하도록 결정시킵니다.

이렇게 대중운동은 한편으로 국민이 의회에 의존하지 않고 직접 정치에 참가한다고 하는 일종의 직접민주제를 성장시키면서, 다른 한편으로는 의회정치의 현저한 기능 부전을 초래함으로써 오히려 독재와 공포정치 수립을 불러온 것입니다.

2. 독재와 공포정치

　이 장 첫머리에 적은 것처럼 이 장에서는 극약의 고통으로서의 독재와 공포정치가 나타나게 된 메커니즘을 분석합니다. 독재와 공포정치로 향하는 움직임은 지금 보았듯이 대중운동 속에서 생겨났습니다. 하지만 대중운동 그 자체가 독재와 공포정치라는 정치 형태를 확정시킨 것은 아닙니다. 프랑스 혁명에 있어서 정치 지도의 중추기관은 전국삼부회(=헌법제정 의회)에서 국민공회에 이르기까지 늘 의회였습니다. 따라서 독재와 공포정치라는 정치 형태는 대중의 움직임과 연동하면서도 결국은 의회에서 결정된 것입니다. 그러므로 이 절에서는 의회 내부의 여러 당파 간 대립 항쟁 과정에서 독재와 공포정치가 어떻게 전개되었는지 따져보도록 하겠습니다.

:: 독재를 야기한 원인(그 첫 번째)

먼저 독재와 공포정치의 특징을 생각해봅시다. 본래 정치
상의 여러 문제에 대해 의견 차이나 대립이 발생하는 것은
당연합니다. 그렇게 의견이 대립할 때 대화로 타협점을 찾
거나, 그래도 해결되지 않을 때는 다수결로 결정한다면 독
재는 일어나지 않습니다. 독재는 대화나 다수결을 거부하고
의견이 다른 사람을 배제하려 할 때 발생합니다. 그리고 그
배제가 폭력적으로 이루어지면 공포정치가 나타납니다. 그
러므로 독재와 공포정치의 근본적인 특징은 반대자의 '배제'
라고 할 수 있습니다. 프랑스 혁명기의 독재는 개인의 독재
가 아닌 일당(산악파, 자코뱅파)독재이므로, 그 특징은 국가권력을
장악한 당파가 다른 당파를 배제하는 것이었습니다.

그럼 프랑스 혁명에서는 왜 하나의 당파가 다른 당파를
배제하고 독재를 수립하는 사태가 벌어졌을까요. 거기에는
세 가지 원인이 있습니다. 첫 번째는 프랑스 혁명의 사회구
조 탓에 대화가 곤란했던 것이고, 두 번째는 반대자의 배제
를 정당화하는 논리가 마련되었던 것이며, 세 번째는 의회

내의 당파가 대중운동과 연동한 것입니다. 여기에서는 우선 첫 번째 원인에 대해 알아보겠습니다.

첫 번째 원인이란 혁명기 여러 당파의 대립 이면에 귀족과 부르주아와 대중이라는 세 개의 사회층 간의 날카로운 이해 대립이 있어, 그 대립에 타협점을 찾기가 지극히 어려웠다는 점입니다. 여기서 104~111쪽에 소개한 그림 1 · 2 · 3을 다시 한 번 떠올려보세요. 프랑스 혁명에서는 이 세 사회층의 대립 관계 가운데 부르주아가 자유주의 귀족과 동맹하는 타협적 개혁 노선을 선택하느냐, 아니면 부르주아가 대중과 동맹하는 철저한 혁명 노선을 선택하느냐 하는 노선 선택의 문제가 발생하였습니다. 그 선택은 부르주아만의 문제가 아니었습니다. 각각의 노선 배후에 귀족과 대중이라는 이해가 완전히 상반되는 사회층이 버티고 있었으므로, 이 선택의 문제에 대해 대화로 타협점을 찾기에는 너무도 곤란한 것이었습니다. 그리고 대화로 타협점을 찾을 수 없을 때 상대를 배제하고자 하는 독재 경향이 나타나기 마련입니다.

이 노선 선택의 문제는 1789년 말, 구체제 폐지 후의 새로운 체제를 어떻게 결정할 것인지가 문제시되었을 때도 발생했을 것입니다. 그러나 이때는 의회 내부에 큰 대립이 없었기 때문에 부르주아는 타협적 개혁 노선을 취하여 91년 체제를 수립합니다. 그 91년 체제가 1792년 8월 10일 붕괴하자 노선 선택의 문제가 다시 수면 위로 떠올랐습니다. 그것은 8월 10일에 노선 전환이 시작되었다고는 하나 철저한 혁명 노선은 아직 확립되지 않은 채, 9월에 소집된 국민공회 내부에서 대중과의 동맹에 적극적인 산악파와 소극적인 지롱드파가 대립하고 있었기 때문입니다.

산악파든 지롱드파든 국민공회 의원은 거의 대부분 부르주아의 대표지만, 대중과의 동맹에 나설 것인지 아닌지 하는 선택은 부르주아에게 사활이 걸린 문제였습니다. 왜냐하면 대중과의 동맹에 나서자니 자본주의에 반대하는 대중의 요구에 끌려다닐 위험이 있고, 반대로 대중과의 동맹을 거부하자니 귀족의 반혁명 세력에 유효하게 대처하지 못할 위험이 있기 때문입니다. 이 어려운 선택 앞에서 산악파는 반혁명 세력에 대항하기 위하여 대중과의 동맹을 결의하지만, 지롱드파는 끝까지 부르주아 자신의 이익을 우선하면서 대중과의 동맹을 거부합니다. 여기에서 처음으로 노선 선택의 문제가 의회 내부 대립의 최대 초점으로 떠오릅니다. 그리고 그 선택이 부르주아에게 사활이 걸린 문제였던 만큼 대화는 거의 불가능하여 상대를 배제하려는 독재 경향이 나타난 것입니다.

:: 독재를 야기한 원인(그 두 번째)

그러나 대화로 타협점을 찾기가 아무리 어려워도 그 시점에서 바로 상대를 배제할 수 있는 것은 아닙니다. 상대를 배제하고 독재를 수립하기 위해서는 배제를 정당화하는 논리(논지를 세우는 원리)가 필요합니다. 그 논리를 명확하게 전개한 사람은 산악파 제일의 이론가 로베스피에르였습니다. 배제를 정당화하는 이러한 논리의 전개가 산악파의 독재라는 사태를 야기한 두 번째 원인입니다.

로베스피에르는 오래 전부터 91년 체제를 비판하기 위하여 상대의 배제를 정당화하는 논리를 마련하고 있었습니다.

1791년 봄, 그는 이렇게 말합니다.

> 부자들은 자신들의 개별적 이해를 일반적 이해라 일
> 컬으며, 이 제멋대로인 주장을 관철하기 위해 사회적인
> 힘 일체를 가로챘다. ……그러나 인민의 이해야말로 일반
> 적 이해이고, 부자들의 이해는 개별적 이해이다.

이렇게 그는 자신의 의견이 '일반적 이해'를 대표하고 있
으며 상대의 의견은 '개별적 이해'를 대표하는 데 지나지 않
으므로, 상대를 배제해도 된다고 하는 '일반적 이해의 우월'
논리를 전개하였습니다. 이 논리가 다다르는 곳이 상대를
배제하는 독재의 길이라는 사실은 여러분도 금방 알 수 있
을 것입니다.

1792년 가을 이후 산악파와 지롱드파가 노선 선택의 문
제를 둘러싸고 정면으로 대립했을 때 로베스피에르는 이 '일
반적 이해의 우월' 논리를 최대한 활용하여 지롱드파의 배제
를 정당화합니다. 이를테면 92년 10월에 그는 이렇게 적고
있습니다.

공통의 적(왕정을 말함)을 타도한 지금, 애국파라는 이름 아래 섞여 있던 사람들이 필연적으로 두 개의 당파로 분열하는 상황을 제군은 보고 있을 것이다. 한쪽 사람들은 자기 자신을 위하여 공화국을 건설하려 하고 있고, 다른 한쪽 사람들은 인민을 위하여 공화국을 건설하려 하고 있다. ……전자는 소수자 지배의 원리에 따라, 또 부자와 관리의 이해에 응하여 통치 형태를 왜곡하는 데 열중하며, 후자는 평등의 원리에 입각하여, 또 일반적 이해에 근거하여 통치 형태를 결정하고자 노력한다.

여기서 '한쪽 사람들'이란 지롱드파이고 '다른 한쪽 사람들'이란 산악파이니 '일반적 이해'를 대표하는 산악파가 지롱드파를 배제하는 것은 당연하다는 말이 됩니다. 거기다 그는 동년 12월에 '국가를 갈라놓는 오랜 동란의 원인은, ……일반적 이해에 대한 이기주의의 도전이다'라고 말합니다. 상대를 이기주의자로 낙인 찍으면 교섭의 여지는 사라지고 상대는 배제의 대상에 불과해집니다. 이렇게 '일반적 이해의 우월' 논리는 독재를 정당화하는 이론이 되었습니다.

이 논리 이면에 있는 것은 자신의 의견이야말로 일반적 이해를 대표하고 있으며 자신만이 정의라고 하는 신념입니다. 앞에서 대중운동의 폭력화에 대해 서술한 것과 마찬가지로 이러한 정의감이야말로 관용의 마음을 빼앗아 인간을 잔혹하게 만듭니다. 학대받는 사람의 권리를 지키자는 로베스피에르의 정의감은 앞서 살펴본 것과 같은 사회적 민주주의 효과를 불러오는 동시에 독재와 공포정치의 고통도 야기하였습니다. 그가 가진 인간으로서의 위대함과 비참함은 말하자면 프랑스 혁명 그 자체의 위대함과 비참함을 응축하고 있는 것입니다.

마지막으로, 앞에서 독재 성립의 세 번째 원인으로서 의회 내의 당파가 대중운동과 연동한 점을 들었는데, 이는 주로 산악파가 의회 밖의 대중을 이용한 것을 가리킵니다. 1793년 5월 말 로베스피에르는 대중을 향해 '모든 부패한 의원에 대항해 봉기하여 국민공회 안으로 진입하라'고 호소합니다. 그 결과 대중의 봉기로 지롱드파 주요 의원이 추방되고 산악파의 독재가 성립합니다. 앞에서 말했듯이 대중운동 자체가 의회정치의 기능 부전을 초래하였지만, 산악파는 오히려 그 대중을 이용함으로써 의회 내의 다수결의 원칙을 깨고 스스로 의회정치를 파괴하여 독재를 수립했던 것입니다.

:: 공포정치의 조직화

지롱드파를 추방하고 독재권을 쥔 산악파는 의회 밖의 대중과 연계하면서 혁명 방위와 생활 안정을 위해 많은 노력을 기울입니다. 앞 장 제4절에서 살펴보았던 정치적 · 사회적 민주주의 관련 정책 대부분은 산악파 독재하에서 제정된 것입니다. 그리고 반대파에게는 무자비한 탄압이 가해졌습니다. 반대파에 대한 폭력(테러)은 앞에서 언급하였듯이 본래 대중운동 속에서 발생한 것이나, 산악파는 이를테면 아래로부터의 대중적 테러를 위에서 조직함으로써 공포정치를 조직화했다고 할 수 있습니다.

독재와 공포정치를 시행하기 위해서는 먼저 국가권력을 집중시켜 강화할 필요가 있습니다. 국민공회 내부에 설치된 공안위원회가 광범한 행정권을 부여받고 1793년 7월부터 국가권력의 중추기관으로서 혁명을 지도하게 됩니다. 동년 10월 10일에는 '프랑스 정부는 평화가 도래할 때까지 혁명적이다'라고 규정한 뒤, 6월에 제정된 헌법을 평화로워지기 전까지 실시하지 않기로 하였습니다. 즉 '혁명정부'는 헌법에 의거하지 않는 비상 정체政體라는 것입니다. 따라서 헌법으로 보장되는 국민의 기본적 인권과 삼권분립의 원칙은 일시적으로 보류되었습니다. 게다가 몇몇 지방에서 반혁명 내란이 발생한 탓에 지방자치보다 중앙집권이 중시되면서 국민공회 의원이 각지에 파견되어 지방행정을 감독하기도 하였습니다.

또한 혁명 방위를 목적으로 군사력 강화가 이루어집니다. 국민공회는 우선 기존의 정규군과 새로운 의용병을 통합하는 '아말감(혼성) 제도'를 통해 국민적 군대를 만들고 30만 명의 징병을 실시하였습니다. 그러나 1793년 봄 영국과 스페인이 참전하여 제1차 대프랑스 동맹을 결성하는 한편 방데 지방을 비롯한 국내의 반혁명 내란도 심각해지자, 이들 안팎의 위협에 대항하기 위해 93년 8월 23일 '국민총동원령'을 발동, '모든 프랑스인이 상시 군무에 징집'되도록 하였습니다.

대중의 생활 안정을 위해서는 앞서 언급한 '최고가격법'과 '매점금지법'을 제정하였으며, 식량을 조달하기 위한 무력조직도 편성되었습니다.

반대파에 대한 공포정치의 조직화는 1793년 9월 5일 파리 민중이 국민공회에 몰려가 실시를 요구한 것입니다. 그래서 3월에 설치되어 있던 '특별형사재판소'는 '혁명재판소'로 이름을 바꾸고 10월부터 지롱드파를 비롯한 정치상의 반대파에 대한 대량 처형을 시작합니다. 9월 17일에는 '반혁명용의자법'이 제정되어 반혁명파로 간주된 자는 무자비하게 투옥된 뒤 처형당했습니다.

로베스피에르는 1794년 2월 5일, 정치적 모럴의 중심은 '공덕公德'이며 공덕이란 '모든 개별적 이해보다도 공공의 이해를 우선시키는 것이다'라고 말하여, 공공의 이해를 대표하는 혁명정부가 모든 개인에게 독재권을 행사하는 것을 정당화합니다. 덧붙여 그는 '혁명 시 인민적 정부의 원동력은 덕과 공포이다. 덕이 없는 공포는 불길하고, 공포가 없는 덕은 무력하다'라는 말로 공포정치를 정당화하였습니다. 이 논리에 따르면 통제되지 않는 대중운동을 선동하는 좌파(에베르파)

와 부르주아의 이익을 고려하여 공포정치 완화를 주장하는 우파(당통파)는 모두 '개별적 이해'에 집착하는 무리로서 배제되어야 합니다. 이리하여 좌우 양 파가 처형되었고 점차 지지기반이 좁아진 로베스피에르파는 테르미도르에 실각했던 것입니다.

:: 공포정치의 희생

테르미도르와 함께 조직적 공포정치가 끝나고 투옥되었던 반혁명 용의자 대부분은 석방되었습니다. 공포정치의 희생자는 어느 정도 규모였을까요.

우선 1793년 3월부터 94년 8월까지 각지 혁명재판소에서 사형을 선고받고 처형된 사람은 합계 1만 6,594명이었습니다. 그 밖에 재판 없이 처형되거나 옥사한 사람을 더하면 공포정치의 희생자 총수는 3만 5천에서 4만 명에 달합니다. 이처럼 희생자가 많았던 이유는 리옹, 낭트, 마르세유, 보르도, 툴롱 등의 도시에서 반혁명 내란이 발생하여 그 진압 과정에서 반란자가 대량으로 처형되었기 때문입니다.

특히 처참한 양상을 보인 사건은 1793년 3월부터 이듬해 초까지 계속된 서부 방데 지방의 내란입니다. 반란의 계기는 30만 명의 징병에 대해 농민이 반항한 것이었지만, 도시의 부르주아에 대한 반감과 새로운 조세에 대한 불만도 강했던 데다, 혁명의 종교 정책에 반대하는 성직자와 왕정의 부활을 바라는 왕당파의 선동까지 더해져 반란은 상당히 넓은 범위에 걸쳤습니다. 그 때문에 진압을 위해 출동한 군대와 반란자 사이의 전투는 장기에 걸친 내전이 되었습니다. 이 반란에 왜 많은 농민이 참가한 것인지, 또한 반란자와 진압자 쌍방에서 희생자가 얼마나 나왔는지, 지금까지의 연구로는 아직 상세히 밝혀지지 않았습니다. 처형된 사람과 전사한 사람을 합한 희생자 총수에 대해서도 서부 지방 전체에서 이삼십만 명에 이를 것이라고 추정되고 있을 뿐입니다.

프랑스 혁명이라는 극약은 독재와 공포정치를 거치며 이렇게나 커다란 유혈의 고통을 안겼습니다. 혁명이 프랑스 사람들 속에 아직까지 수복되지 않는 균열을 남긴 것도 어쩌면 당연한 일일 것입니다.

3. 극약 없이 끝내는 길

　지금 극약이 커다란 유혈의 고통을 안겼다는 사실을 본 여러분은 앞에서 살펴본 극약의 효과와 비교하며 이 극약은 효과보다도 고통이 더 컸던 것은 아닐까 생각할지도 모릅니다. 실제 프랑스 혁명의 긍정적인 면과 부정적인 면을 저울질하여 혁명은 프랑스인에게 결국 손해였다고 주장하는 사람도 있습니다. 하지만 혁명의 긍정적인 면과 부정적인 면을 저울질하는 것은 부당한 일입니다. 왜냐하면 극약의 효과 가운데는 앞서 언급했듯이 100년 후, 200년 후가 되어서야 정착한 것이 잔뜩 있기 때문입니다. 그래도 여러분은 분명 극약 없이 끝낼 수도 있지 않았을까, 극약 말고 조금 더 순한 약을 사용할 수도 있지 않았을까 하고 생각할 것입니다. 이런 의문은 지당합니다. 실제 17세기의 영국 혁명이나 19세기의 메이지 유신에서는 공포정치와 같은 것이 나타나지 않았습니다. 그러므로 이 절에서는 그 의문에 대해 여러분과 함께 생각해보고자 합니다.

:: 역사의 '가정'

극약 없이 끝낼 수도 있지 않았을까 하고 생각하는 것은 일반적으로 역사의 '우연'이나 인간이 가진 '자유의지'의 작용을 어떻게 생각하는가 하는 문제로 연결됩니다. 가령 개인의 역사, 즉 인생의 발자취에서는 결혼이니 취직이니 하는 사건 때마다 우연과 자유의지가 커다란 작용을 한다는 것이 주지의 사실입니다.

그리고 그것은 프랑스 혁명의 역사에서도 어느 정도까지는 들어맞는다고 할 수 있습니다.

산악파의 유력한 지도자 중에 마라라는 인물이 있었습니다. 그는 1793년 7

마라(1743~1793)

월, 샤를로트 코르데라는 24세의 귀족 여성에게 찔려 자택에서 사망하였는데, 그 후 머지않아 조직적인 공포정치가 시작되고, 이듬해 봄에는 산악파 내부에서도 분파의 처형이 이루어집니다. 그것을 본 마라의 여동생은 "만약 우리 오빠가 살아 있었다면 당통이나 데물랭(당통파의 한 사람) 같은 사람들이 기요틴에 서는 일은 없었을 거예요"라고 말했다고 합니다. 분명 만약에 마라의 암살이라는 뜻밖의 사건이 일어나지 않았다면 공포정치는 그렇게까지 심각해지지 않았을지도 모릅니다.

조금 더 거슬러 올라가 1792년 8월의 왕정 붕괴를 생각해봅시다. 혁명 초기에는 왕정 폐지를 요구하는 사람은 거의 없었습니다. 그러나 91년 6월에 국왕 일가의 바렌 도망 사건이 벌어지자 국왕에 대한 신뢰가 땅에 떨어져 이윽고 왕정이 무너지기에 이릅니다. 도망 사건은 국왕과 왕비의 자유의지에 의한 것입니다. 만약 그들에게 도망칠 의지가 없었다면 입헌왕정이 그대로 이어졌을지도 모릅니다.

이처럼 개인의 인생과 마찬가지로 역사에서도 우연과 자유의지의 작용을 무시할 수는 없습니다. 즉 역사 속의 '만약'

을 생각하는 일이 반드시 무의미한 것만은 아니니, 만약 무언가가 있었더라면(혹은 없었더라면) 극약 없이 끝낼 수 있지 않았을까 생각해보는 것도 좋습니다.

:: 역사의 '경향'

그렇지만 개인의 인생과 집단으로서의 인간의 역사는 전혀 다른 점이 하나 있습니다. 그것은 몇천 몇만이나 되는 집단으로서의 인간의 역사에서는 우연이나 개인의 의지와는 별개로 특정한 방향으로 향하는 '경향'이 나타난다는 점입니다.

예를 들어 인구 변동에 대해 생각해봅시다. 아이를 낳는 것은 우연과 개인의 의지에 달려 있습니다. 하지만 그것이 대량 현상이 되면 어떤 경향이 나타납니다. 가령 근대 사회에서는 인구의 규칙적인 증가라는 경향이 있었고, 오늘날에는 '저출산'이라는 경향을 볼 수 있습니다. 또한 경제와 사회의 변동에 대해서도 생각해봅시다. 상품을 매매하여 이익이나 손해를 보는 것도 우연과 개인의 의지에 달려 있습니다. 하지만 그것이 몇만 번이나 되풀이되는 대량 현상이 되면, 가령 앞서 살펴본 18세기 프랑스의 농촌에서와 같이(78쪽 표) 빈부 격차의 증대라는 경향이 나타납니다. 구체제하의 프랑스에서는 빈부 격차가 증대하고 자본주의가 성장하자 결과적으로 바르나브가 말한 것처럼 '부의 새로운 분배가 권력의 새로운 분배를 가져오는' 사건, 즉 프랑스 혁명이 발발하였습니다. 따라서 프랑스 혁명의 발발은 우연이나 개인의 의지와는 다른 일종의 '경향'에 의한 것이라 할 수 있습니다. 물론 그 경향은 하나가 아닙니다. 경제와 사회와 문화와 사상과 사람들의 마음가짐(심성) 등 다양한 면에서의 여러 가지 경향이 합쳐져 프랑스 혁명이 일어난 것입니다.

그러한 역사 속의 경향을 흔히 역사의 '필연'이라고 하지만, 필연이라고 하면 인간의 힘으로는 어찌할 수 없다는 어감이 강하므로 여기에서는 경향(트렌드)이라 부르기로 하겠습니다.

그렇다면 역사의 경향과 앞에서 본 우연이나 자유의지는 어떤 관계에 있을까요. 이는 대단히 어려운 문제인 데다 이미 완성된 해답이 있는 것도 아닙니다. 다만 이렇게 말할 수 있을 것입니다. 역사는 마라의 암살이나 국왕의 도망과 같은 '사건'의 층과 인구 변동이나 사회 변동, 사상 조류와 같이 대량 현상으로서 완만하게 움직이는 '경향'의 층이라는 두 층을 구성하고 있으며, 우연 및 자유의지가 작용하는 것은 '사건'의 층이라고 말입니다. 물론 이 두 개의 층은 서로 무관하지 않습니다. 사건의 배후에 경향이 있을 뿐만 아니라, 경향은 사건에 의해 좌우되므로(예를 들면 국왕의 도망에 의한 민심의 변화) 우연과 자유의지는 사건을 통해 간접적으로 경향에도 작용하고 있는 것입니다. 이 어려운 문제에 대해서는 일반적으로 논할 수 없으니 처음 문제로 돌아갑시다. 그것은 프랑스 혁명을 극약 없이도 끝낼 수 있지 않았을까 하는 문제였습니다.

:: 극약설의 검증

제1장 제4절에서 소개한 두 개의 가설을 떠올려보세요. 첫 번째 가설은 처음에는 좋았던 혁명이 나중에 나빠졌다고 보는 혁명이분설이며, 두 번째 가설은 혁명을 하나의 블록

(덩어리)이라고 보는 설이었습니다. 필자는 앞에 서술한 이유로 블록설을 지지하였고, 그것을 발전시켜 극약설을 세워보았습니다. 이 두 개의 가설을 역사의 경향과 우연 및 자유의지라는 문제부터 재검토해봅시다. 혁명이분설은 자동차가 미끄러져 잘못된 길에 빠져든 것과 같다는 비유가 나타내고 있듯이 혁명을 '사건'으로 보고 우연과 자유의지의 작용을 중시합니다. 그러므로 이 설을 따르면 혁명을 극약 없이 끝낼 수도 있었다는 이야기가 됩니다. 반대로 블록설은 혁명이 시작부터 어떤 '경향'을 가지고 있었다고 생각하기 때문에, 이 설을 따르면 혁명을 극약 없이 끝낼 수는 없었습니다.

필자는 블록설을 발전시켜 극약설을 세운 것이므로 결론부터 말하자면 프랑스 혁명 그 자체가 극약으로서, 독재와 공포정치를 피할 수는 없었다고 생각합니다. 제2장에서 그 이유에 대해 설명하였고, 제3장 제2절에서 혁명의 구조와 진로를 벡터의 형태로 풀이하는 방법을 사용한 것도 혁명을 몇 가지 '경향'의 합성이라 보고 있기 때문입니다. 1792년 8월 10일 이후의 사태를 필자가 노선의 '선택'이라 표현한 것을 보고 당시 자유의지로 어느 한쪽 노선을 고를 수 있었다고 생각할지도 모르지만, 선택이라는 표현은 국민공회 의원의 입장에 서서 그렇게 말한 것이며 혁명을 수호하고자 할 경우 부르주아는 대중과 동맹하는 것 말고는 길이 없었습니다. 바꿔 말해 만약 지롱드파가 산악파보다 다수를 점하고 있었다면 8월 10일 봉기 같은 일이 다시 벌어졌을 것입니다. 간단히 말하면 프랑스 혁명에서 그만한 효과와 고통이 함께 발생한 이유는 프랑스 혁명이 1789년 당초부터 민중과 농민이 참가한 복합혁명이기 때문이라고 필자는 생각하는 것입니다.

여러분은 지금까지의 설명에 납득이 가시는지요. 아무리 해도 이해가 가지 않는다는 분도 물론 많을 것입니다. 실제 혁명 200주년을 맞았던 1989년의 프랑스에서는 그렇게 많은 피를 흘린 공포정치를 축하할 수 있겠느냐는 여론이 나오면서 1793년 야기된 균열의 크기가 재조명되기도 하였습니다. 가령 유력한 주간지 『렉스프레스』는 이때 '로베스피에르는 유죄인가'라는 특집호를 발행합니다. 즉 로베스피에르만 없었다면 공포정치는 피할 수 있지 않았을까 생각했던 것입니다. 학계에서도 혁명을 '경향' 또는 '필연'으로 보는 의견보다 '사건'으로 보는 의견이 더 강하다고 할 수 있습니다. 따라서 이 책의 '머리말'에서 말한 것처럼 필자는 오히려 여러분 스스로 생각해주었으면 하는 마음에 하나의 참고 의견으로서 필자가 세운 가설을 설명하고 있는 것입니다. 필자가 이 책에서 극약설을 검증하기는 하였지만, 그것을 한층 더 깊이 검증하는 것은 여러분 자신의 몫으로 남겨두려 합니다.

∷ 근대화의 몇 가지 길 : 영국과 프랑스

극약 없이 끝낼 수도 있지 않았을까 하는 문제를 고찰하기 위해 마지막으로, 극약 없이 달성된 변혁으로서 17세기의 영국 혁명(청교도 혁명 및 명예혁명)과 19세기의 메이지 유신을 조명하여 그것들은 프랑스 혁명과 무엇이 다른가, 그 차이는 왜 발생하였는가 하는 문제를 생각해볼 필요가 있습니다.

영국 혁명과 프랑스 혁명의 차이를 처음 밝힌 사람은 토크빌이었습니다. 그는 두 혁명의 차이점으로 첫째, 영국 혁명은 주로 자유를 지향하고 프랑스 혁명은 주로 평등을 지향한 점, 둘째, 영국 혁명에서 대중은 조연이지만 프랑스 혁명에서는 대중이 주역이었던 점을 들고 있습니다. 이 두 가지 차이점은 밀접하게 관련되어 있습니다. 즉 영국에서는 대중이 조연이었기 때문에 평등보다도 자유를 중요시하는 자유주의적 혁명이 되었고, 프랑스에서는 대중이 주역이었기 때문에 권리의 평등과 사회적 평등을 목표로 하는 민주주의적 혁명이 되었습니다. 극약의 복용을 요구한 것은 대중이었으므로 프랑스 혁명은 사회적 민주주의 효과와 공포정치의 고통을 동반한 것입니다. 대중이 조연에 불과했던 영국에서는 공포정치가 없는 자유주의적 혁명이었던 대신 사회적 민주주의의 이념이 제시되는 일도 없었습니다.

이러한 영국과 프랑스 양 혁명의 차이는 왜 발생했을까요. 그것은 16세기 이후의 세계사에서 양국이 놓여 있던 지위의 차이로 인해 발생하였습니다. 사회의 근대화라는 관점에서 볼 때 영국은 세계 최고의 선진국이었습니다. 즉 영국에서는 구체제가 이른 시기에 해체되고 앞서 언급하였듯이 귀족의 부르주아화가 진행되어 혁명은 부르주아화한 지주(젠트리)의 주도하에 이루어졌기 때문에 대중이 나설 기회가 없었던 것입니다. 그러나 프랑스는 제2장에서 살펴본 것처럼 영국에 비해 후진국의 지위에 있었습니다. 구체제는 여전히 공고하여 특권의 유혹에 넘어간 부르주아가 귀족이 되고자 하였습니다. 프랑스의 도시와 농촌에 가난한 수공업자와 빈농이 대량으로 넘쳐났던 것도 그들이 산업혁명을 통해 공장에 흡수되지 못했기 때문입니다. 그 가난한 민중과 농민의 거대한 무리가 주역으로 등장했을 때, 영국에서는 볼 수 없었던 반혁명 귀족과 부르주아와 대중이라는 삼자의 격돌이 발생하면서 극약의 효과와 고통이 함께 야기된 것입니다.

:: 근대화의 몇 가지 길 : 프랑스와 일본

이와 같이 영국과 프랑스 양 혁명의 차이가 근대 세계사에서 양국이 놓여 있던 지위 차이로부터 기인한 것이라면, 근대의 세계체제가 완성되어가던 19세기 후반에 프랑스보다도 훨씬 더 뒤처진 후진국의 지위에 있던 일본에서의 변혁이 프랑스 혁명과 크게 달랐던 것은 당연한 일입니다. 흑선黑船(1853년 미국 페리 제독이 이끌고 온 검은 함선—편집자 주)에 의해 개국을 요구받은 일본이 유신의 변혁을 꾀하였을 때, 일본에는 프랑스의 부르주아와 같은 변혁의 주도 세력이 없었습니다. 프랑스의 부르주아는 제2장에서 서술하였듯이 특권의 유혹에 길들여져 있다가도 몇 가지 계기로 맹수의 본성을 되찾아 구체제를 무너뜨린 뒤에 찾아올 새로운 사회의 설계도를 그림으로써 혁명의 지도부가 되었습니다. 일본의 막번幕藩 체제(막부와 지방의 여러 다이묘의 번이 주종관계를 맺어 지배하는 정치 체제—편집자 주)하에서도 호농豪農 · 호상豪商 등 부르주아의 성장은 찾아볼 수 있습니다. 그러나 유신의 변혁 과정에서 그들이 주체적인 주도 세력이자 지도부가 되는 일은 없었습니다. 또한 일본에서도 민란이나 폭동 같은 대중운동이 막부 말기에 급증합니다. 하지만 프랑스의 경우와 마찬가지로 대중은 새로운 사회의 설계도를 만들지 못합니다. 일본에서는 부르주아가 변혁의 주도 세력이 되지 못했기 때문에 부르주아의 두뇌와 대중의 힘이 결합하여 혁명을 수행하는 것은 바랄 수 없었습니다.

왜 일본에서는 부르주아가 변혁의 주체가 되지 못했을까요. 그것은 후진국 일본에서 아직 부르주아가 충분히 성장하지 않은 시점에 서양 여러 나라가 아시아로 진출하면서 국가의 독립이 위태로워진 탓에, 부르주아가 성장하여 변혁의 주체가 되기까지 기다릴 여유가 없었기 때문입니다.

프랑스와 일본에서 각각의 변혁 직전에 부르주아의 성장 정도가 얼마나 차이 났는지 간단히 측정할 수는 없습니다. 다만 이 점을 아는 한 가지 편리한 척도가 있습니다. 그것은 변혁 전야에 가장 심각한 위기감을 가진 쪽은 누구였는가입니다. 혁명 전야의 프랑스가 영국 산업혁명의 진전으로 전락 위기에 몰렸을 때 영국과의 전쟁도 불사하겠다고 할 만큼 절박한 위기감을 느낀 것은 시모노로 대표되는 부르주아였습니다. 반면 막부 말기의 일본에서 국가의 독립조차 위태롭다는 심각한 위기감을 느낀 것은 호농이나 호상이 아니라 무사들이었습니다. 그런 점에서 보아 필자는 일본의 부르주아가 유신의 주도 세력이 될 만한 성장을 이루지는 못했다고 생각합니다.

그렇다면 유신 변혁의 주체는 무사(사족士族)일 수밖에 없습니다. 실제 유신의 변혁을 추진하는 데 가장 큰 역할을 한 사회층은 무사였습니다. 막번 체제하에서 지배층이었던 무사가 메이지 유신을 통해 스스로의 손으로 막번 체제에 종지부를 찍은 것은 왜일까요. 이 문제에 대해서는 프랑스 혁명 속 자유주의 귀족의 존재가 하나의 힌트가 될지도 모릅니다. 그러나 이 문제에는 아직 학계에서도 정설이 없어 필자가 해답을 주기가 곤란합니다. 이것은 여러분의 숙제로 남겨두도록 하겠습니다.

이 문제의 답이 무엇이건 그들 무사들이 다른 사회층을 지도하여 메이지 유신의 변혁을 이루고, 열강이 득실대는 19세기 후반의 세계에서 아시아 국가 중 유일하게 독립을 유지한 채 사회의 근대화를 달성한 것은 근대 세계사상 유례없는 위대한 사업이었습니다. 이 책의 '머리말'에도 적었듯이, 필자가 메이지 신궁 외원의 회화관을 찾았던 이유는 청동 시대 일본의 고뇌와 극약을 먹고 괴로워하던 청동 시대 프랑스를 겹쳐 보며 그 양쪽 모두에 감동과 공감을 느끼기 때문입니다.

다만 여기서 생각해보아야 할 것이 하나 있습니다. 그것은 메이지 유신이 프랑스 혁명과 같은 극약의 복용이 아니었기에 어떠한 문제점이 발생하였는가 하는 점입니다. 이 점에 관해서는 나카에 조민이 『삼취인경륜문답三醉人経綸問答』(1887년) 안에서 실로 적절한 지적을 하고 있습니다.

흔히 민권이라 불리는 것에도 두 종류가 있습니다. 영국이나 프랑스의 민권은 회복의 민권입니다. 아래로부터 스스로 쟁취한 것입니다. 그런데 또한 별도로 은사의 민권이라 부를 만한 것이 있습니다. 위로부터 하사받는 것입니다. 회복의 민권은 아래로부터 스스로 쟁취하는 것이므로 그 분량의 많고 적음을 이쪽이 마음대로 정할 수 있습니다. 은사의 민권은 위로부터 하사받는 것이므로 그 분량의 많고 적음을 이쪽이 마음대로 정할 수 없습니다(구와바라 다케오桑原武夫 외 역, 이와나미문고, 98쪽).

이 『삼취인경륜문답』은 세 사람이 술을 마시며 토론하는 형식으로 이루어져 있어 조민 자신의 의견이 어떤지 분별하기 어렵습니다. 하지만 그는 대일본제국 헌법이 발포된 뒤인 1891년에 『자유평등경륜自由平等経綸』 안에서 '자유는 쟁취하는 것이며 받는 것이 아니다'라고 적은 다음 계속해서, 권력을 독점해온 재상이 어느 날 인민에게 자유를 부여한다 해도 그 재상은 나중에 반드시 그것을 후회하거나 두려워할 것이다, 라고 서술합니다(『나카에 조민 전집』 이와나미서점, 제13권, 12쪽).

따라서 조민은 영국이나 프랑스 혁명의 경우처럼 아래로부터 인민이 민권(기본적 인권)을 회복하는 것이야말로 중요하며, 일본의 흠정헌법欽定憲法(군주가 제정해서 인민에게 내리는 헌법)과 같은 은사의 민권은 진짜가 아니라고 보았던 것입니다.

프랑스 혁명과 메이지 유신은 각기 자국 근대화의 출발점이자 자본주의에 적합한 사회를 탄생시켰다는 점에서는 같습니다. 그러나 한마디로 근대 사회라든가 자본주의 사회라고 말해도 그 내용이 나라마다 상당히 다르다는 사실에 우리는 주의할 필요가 있습니다. 프랑스 혁명이 조민이 말하는 아래로부터의 '회복의 민권'을 실현시킨 데 반하여, 극약 없이 달성된 일본의 근대화는 국민의 기본적 인권 보장을 등한시했다는 커다란 문제를 남겼습니다. 그 보장이 실현되는 것은 여러분도 잘 아시다시피 패전이라는 큰 희생을 치른 뒤의 일이었습니다.

:: 피투성이 손으로 남긴 선물

극약 없이 끝낼 수도 있지 않았을까 하는 문제로부터 시작하여 근대화에는 영국, 프랑스, 일본 저마다에게 다른 길이 있었다는 사실을 지금까지 살펴보았습니다. 그러한 길들은 각국 국민이 자유의지로 선택했다기보다도 16세기 이후 세계체제의 전개 과정에서 각 나라가 놓여 있던 지위에 따라 결정된 것입니다.

그리고 각각의 길은 저마다 긍정적인 면과 부정적인 면을 가지고 있었습니다. 극약이 없던 영국 혁명은 자유주의적 변혁이었던 대신 민주주의의 달성을 뒤로 미루었습니다. 극약을 복용한 프랑스 혁명은 민주주의적 변혁이었던 대신 공포정치에 시달렸습니다. 극약 없이 '위로부터'의 개혁을 한 일본에서는 '식산흥업殖産興業'과 '부국강병'의 그늘 아래 기본적 인권 보장이 등한시되었습니다. 우리가 외국의 역사를 배우는 것은 그러한 긍정적인 면과 부정적인 면을 고려하여 자국의 역사를 거만하지도 비굴하지도 않은 자세로 냉정하게 반성하기 위해서라고 필자는 생각합니다.

그러므로 다시 한 번 극악 프랑스 혁명을 돌아보기로 합시다. 1793년에 로베스피에르가 제창한 '생존권의 우위'라는 원리는 인간이 인간으로서의 존엄을 가지고 인간답게 살기를 요망하는 목소리였습니다. 그의 동지 생쥐스트는 그가 남긴 단편 속에서 '인간은 누구에게도 종속되지 않고 살아야 한다'라고 적었습니다. 이 이념은 20세기 중반이 되어 다시 부활합니다. 1948년 12월 국제연합 총회가 채택한 '세계인권선언'은 그 제1조에서 '모든 인간은 태어날 때부터 자유로우며 평등한 존엄과 권리를 가진다'라고 규정하였으며, 나아가 제3조에서 '생존할 권리right to life'를 인권의 필두에 놓았습니다. 이 생존권이 일본국 헌법에도 계승되었다는 사실은 이미 언급한 바 있습니다.

이렇게 현대 우리들은 공포정치의 피투성이 손으로 남긴 선물을 받고 있는 것입니다. 따라서 지금 극악 프랑스 혁명을 되돌아보는 것은 결코 헛수고가 아니라고 생각합니다.

제5장
인간의 위대함과 비참함

테르미도르 9일의 로베스피에르

당일 국민공회 회의장에서 그려진 데생. 몹시 수척한 얼굴을 하고 있다.

이 책에서 필자는 프랑스 혁명 극약설이라는 가설을 검증하는 데 있어 앞 장 제3절에 서술하였듯이 개인의 자유의지보다도 역사의 저류에 있는 경향을 중시하여, 구체제하의 사회구조와 혁명기 여러 사회층의 관계 등을 통해 문제를 검토하는 방법을 취했습니다. 혁명의 흐름을 해명하기 위해서는 우선 그러한 방법을 취할 필요가 있다고 생각했기 때문입니다. 그러나 말할 것도 없이 역사는 개인이든 집단이든 인간 행동의 집적集積입니다. 따라서 프랑스 혁명에 대한 고찰은 최종적으로 혁명기를 살았던 인간들에 대한 고찰로 마무리되어야 할 것입니다.

여기서 이 책의 출발점으로 돌아가 봅시다. 필자가 프랑스 혁명을 극약에 비유한 이유는 프랑스 혁명이 위대함과 비참함 양면을 가지고 있기 때문이었습니다. 혁명이 인간 행동의 집적이라면 혁명의 위대함과 비참함은 결국 인간 그 자체의 위대함과 비참함의 표현이 아닐까요. 여러분은 파스칼의 『팡세』라는 책을 읽어보신 적이 있는지요. 그 안에 이런 말이 적혀 있습니다.

인간의 위대함은 자신이 비참하다는 것을 알면 알수록 그만큼 더 커진다. 나무는 자신이 비참하다는 것을 모른다. 분명 자신의 비참함을 깨닫는 것은 비참할 것이다. 그러나 사람이 비참하다는 것을 아는 것이야말로 곧 위대함이다. 이러한 비참함 그 자체가 모두 인간의 위대함을 증명하고 있다.

인간에 대한 이 깊은 성찰 앞에 필자는 논평할 만한 자격이 없습니다. 다만 이러한 파스칼의 말은 인간이 비참하기에 위대하며 위대하기에 비참하다는 의미일 것이라고 필자는 생각합니다. 그렇다면 이 말은 그대로 프랑스 혁명의 위대함과 비참함에 들어맞을 것입니다.

대중운동이 피로 얼룩진 폭동으로 변하는 비참함, 지도자들이 서로 죽고 죽여야 하는 비참함, 그리고 그 비참함 속에서 높은 이상을 내걸고 혁명의 대업을 완수하려는 사람들의 위대함. 그러한 프랑스 혁명의 위대함과 비참함을 인간 그 자체의 위대함과 비참함이라는 관점에서 다시 생각해봅시다. 이를 위해 이 최종 장에서는 혁명 지도자들이 어떻게 죽었는가, 죽음을 앞두고 어떠한 이상을 표방하였는가, 그 이상이 후세에 어떻게 전해졌는가 하는 점을 간단히 서술하고, 마지막으로 프랑스 혁명은 극약이라는 이 책의 주제 자체를 조명하여 그 극약의 정체는 무엇인가 하는 문제를 생각하면서 역사를 배우는 의미에 대해서도 간략히 다루고자 합니다.

:: 국왕의 죽음과 의원의 죽음

다양한 사건이 계속되었던 프랑스 혁명 속에서 혁명의 진로에 가장 큰 영향을 준 사건은 국왕 루이 16세의 재판과 처형(1793년 1월)일 것입니다. 왜냐하면 국왕의 처형으로 지롱드파에 대해 산악파가 결정적 우위를 점하게 되어 혁명이

모든 타협의 길을 봉쇄하고
1793년의 철저 노선으로 나
아가게 되었기 때문입니다.

국왕 루이 16세는 1792년
8월 10일 봉기로 왕위를 빼
앗기고, 92년 말부터 통상적
인 재판소가 아닌 당시의 의
회 국민공회에 의해 재판을
받게 되었습니다. 본래 91년
헌법에는 '국왕의 인신은 불
가침이며 신성하다'라는 규정

유폐되어 수척한 얼굴의
루이 16세(1754~1793)

이 존재하여 왕위를 포기하지 않는 한 국왕은 그 행위에 대
한 책임을 추궁당하지 않게 되어 있었습니다. 그리고 1792
년 8월 10일 당시는 이 헌법이 유효했으므로 루이 16세의
재판은 법률에 근거하지 않는 정치재판이었습니다. 그러나
바렌 도망 사건을 통해 드러났듯이 그가 국민을 배신한 것
또한 사실이었기 때문에 재판에 회부되는 것도 무리는 아니
었습니다. 여기에서는 그 재판 경위를 생략하겠지만, 결국

루이 16세는 국민공회의 다수결에 따라 처형됩니다.

이때 국민공회에서 산악파는 국왕의 처형을 통해 모든 타협의 길을 봉쇄하려 하였고, 지롱드파는 국왕의 처형을 회피함으로써 타협의 길을 남겨두려 하였습니다. 한 사람의 생명이 이러한 정치적 계산에 따라 좌우된 것은 심판받는 사람에게나 심판하는 사람에게나 비극이었다고 할 수 있을 것입니다.

하지만 국민공회에서의 재판은 꼭 당파의 주도권 다툼만으로 결정된 것은 아닙니다. 국왕에게 어떠한 형을 부과해야 하는지에 대해서는 의원 한 사람 한 사람이 연단에서 자신의 소신을 밝혀 결정되었습니다. 결석자를 제외한 726명의 의원은 당파에 구속되지 않고 오히려 자기 자신의 신념에 의거하여 당당하게 의견을 피력합니다. 의회 밖의 보수파와 급진파가 의원에게 압력을 가하는 가운데 자신의 태도를 분명히 밝히는 것은 대단한 용기가 필요한 일이었습니다 (재판 직후 암살당한 의원도 있습니다). 국왕의 재판은 인간의 양심과 용기가 시험대에 오르는 장이었고 혁명 속 인간의 위대함과 비참함이 함께 드러나는 장이기도 했습니다.

국왕을 법률에 근거하지 않는 정치재판으로 처형한 사건은 정치적인 이유로 사람을 죽이는 것을 인정하는 행위가 되어 그 후의 공포정치에 길을 열어주었습니다. 결과적으로 당파 간의 살육이 어떻게 전개되었는지는 이미 살펴본 바와 같습니다. 게다가 비극은 테르미도르에서 끝나지 않았습니다. 테르미도르 이후에는 산악파 의원에 대한 박해가 발생합니다. 그리고 20년이 흐른 1815년에 왕정복고(루이 16세의 동생이 루이 18세로서 왕위에 복귀함)가 되자 과거의 '국왕 살해자'는 국외로 영구추방을 당하게 되었습니다. 심판하는 자가 심판받은 것입니다.

　국왕을 심판한 국민공회의 의원 정수는 749명이었습니다. 그러나 회기 중에 처형되거나 추방된 결원을 보결 의원으로 메웠기 때문에 의원의 총인원수는 897명에 달합니다. 그들 중 사망 상황이 판명되어 있는 것은 약 880명인데, 그 가운데 95명은 정치적인 이유로 살해되거나 자살에 내몰렸습니다. 또한 왕정복고로 국외에 추방된 채 유랑 끝에 타향에 묻힌 71명을 여기에 더하면 합계 166명, 즉 사망 상황 판명자의 19%가 비명횡사한 것입니다. 그 대부분이 혁명사에 이름을 남긴 지도자들이었다는 사실은 말할 것도 없습니다. 이것이 혁명 최성기에 정치 지도의 중추였던 국민공회 의원들의 위대함과 비참함을 말해주는 결산서입니다.

:: 혁명의 이상

이렇게 혁명의 지도자들 대부분은 각기 다른 방식으로 강렬한 생애를 마쳤습니다. 그들은 아무리 비참한 상황에 놓여도 날카로운 지성과 미래에 대한 희망을 잃지 않고, 각자의 입장을 초월하여 혁명의 이상의 등불을 높이 들었습니다.

어머니가 극장 좌석에서 쫓겨났던 굴욕을 계기로 혁명가가 된 바르나브는 혁명 초기의 지도자로서 91년 체제를 수립하고 유지하는 데 크게 활약하였습니다. 그는 왕정을 옹호했기 때문에 이윽고 왕당파로 간주되어 체포되었다가 1793년 11월에 처형당합니다. 그가 옥중에서도 집필의 손을 늦추지 않고 써내려간 것이 바로 『프랑스 혁명 서론』이었습니다. 그 유고遺稿가 프랑스 혁명의 본질을 날카롭게 꿰뚫고 다음에 찾아올 사회를 정확히 예견하는 훌륭한 지성의 산물이었다는 사실은 이미 이야기한 바 있습니다.

바르나브 외에도 죽음을 앞두고 훌륭한 저작을 남긴 사람이 있습니다. 지롱드파의 지도자 중 한 명이던 콩도르세는 혁명 전부터 계몽사상가로 유명한 학자였으며, 국민공회 의원으로 선출되자 지롱드파의 의견을 집약하여 신헌법의 초안을 작성하는 등 뛰어난 이론가로서 활약하지만, 다른 지롱드파 의원과 함께 1793년 10월에 혁명재판소에 고발됩니다. 그때 그는 다음과 같은 편지를 국민공회에 보내고 모습을 감춥니다.

'나는 자신의 사상이나 행동에 관해 변명하고 싶지 않소. 나는 변명하는 비굴한 태도를 취하고 싶지 않은 것이오. 나는 프랑스는 물론 유럽 전체에 대해서도 변명할 필요를 느끼지 않소.'

긍지와 자부심을 가진 그는 법정에 서서 변명하는 행위를 떳떳이 여기지 않았던 것입니다. 은신처에 숨은 콩도르세는 한결같이 펜을 움직여 후세에 남는 명저『인간 정신 진보사』를 완성하였습니다. 그러나 1794년 3월에 그는 파리 교외에서 체포되어 그 다음 날 옥중에서 자살한 채 발견됩니다. 죽음을 예감하면서도 헛되이 일신의 불운을 한탄하지 않고 인간 정신의 무한한 진보를 믿으며 그는 그 저작의 최종 장에 다음과 같이 적었습니다.

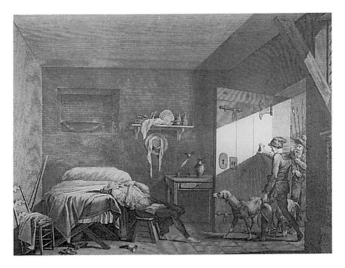

옥중에서 자살한 채 발견된 콩도르세(1743~1794)

언젠가 태양이 이 지구 상에서 자유로운 인간만을, 즉 자신의 이성 이외에는 주인을 갖지 않는 자유로운 인간만을 비추는 날이 분명 오리라.

'언젠가 지구 상에서'라니, 어디서 들었던 말입니다. 그렇습니다, 생쥐스트는 국내에 하나의 불행한 사람도 허용하지 않겠다는 프랑스 혁명의 이상이 언젠가 지구 상에서 풍요로운 결실을 맺어 행복이라는 새로운 이념이 온 지구에 널리 전파될 것이라 믿었습니다. 지롱드파, 산악파를 불문하고 혁명의 지도자들은 언젠가 틀림없이 이성과 행복이 지상을 지배할 것이라는 높은 이상의 등불을 계속해서 내걸었던 것입니다.

테르미도르 이후 '재산과 노동을 함께하는 공동체'를 건설하자는 평등주의의 이상을 품고 총재정부를 전복할 음모를 꾸민 바뵈프는 배신자의 통보로 체포되어 죽음을 앞두고 1796년 7월 옥중에서 친구 앞으로 이런 글을 남겼습니다.

내 육체가 흙으로 돌아간 뒤에는 어수선한 노트와 초

고만이 남겠지. ……언젠가 박해가 풀리고 정당한 사람들이 자유로워져 내 무덤에 꽃을 던질 수 있는 날도 오겠지. 그리고 언젠가는 사람들이 우리가 제시한 행복을 인류에게 가져다주려면 어떻게 해야 좋을지 새삼 생각하게 되리라. 그날이 오면 친구여. 부디 내가 남긴 이 종이 다발을 들추어봐 주게. 그리고 거기 적혀 있는 것을, 오늘날 부패한 권력자들이 나의 '꿈'이라 일컫는 것을. ……모든 평등의 사도들이, 우리의 원리를 마음에 담아주는 친구들이, 부디 읽을 수 있도록 전해주게.

:: 혁명의 전설

'언젠가', '언젠가' 이렇게 말하며 그들은 죽어갔습니다. 그들의 생애가 비참한 동시에 위대하였기에, 그들에 대한 기억은 그들이 높이 내건 이상과 함께 후세로 전해집니다. 그렇게 혁명은 하나의 전설이 되었습니다.

무희 등의 그림으로 유명한 화가 드가(1834~1917)가 아직 어렸을 때의 일이니 아마 1840년경이었을 것입니다. 어린 그는 어머니를 따라 어느 노부인의 집을 방문합니다. 돌아올 무렵 드가의 어머니는 방의 벽에 로베스피에르와 생쥐스트 등의 초상이 걸려 있는 것을 보고 놀라서 말했습니다. "어머나, 당신은 아직도 이런 괴물들의 초상을 걸어두시나요?" 그러자 "당치도 않아요"라고 그 노부인은 대답했습니다. "괴물이라니 당치도 않아요. 이 사람들은 성인聖人이었는걸요." 그 노부인은 국민공회 의원 르바의 아내였습니다. 르바는 로베스피에르파의 한 사람으로서 테르미도르 쿠데타에서 체포되어 그 다음 날 아침 권총으로 자살한 인물입니다. 결혼 후 1년도 되지 않아 남편을 잃은 르바 부인은 전 생애에 걸쳐 로베스피에르와 동료들의 기억을 충실하게 지키며 살았던 것입니다.

남프랑스 프로방스 지방의 시인 미스트랄(1830~1914)은 『나의 근원』이라는 작품 속에서 이런 이야기를 합니다. 그가 어린 시절, 마을에 리켈이라는 할머니가 살고 있었습니다. 그 리켈 할머니는 초등학교에 오가는 미스트랄을 불러 세우고는 종종 이렇게 말했다고 합니다. "꼬마야, 너희 집에는 빨간 사과가 열렸니, 다음에 여기를 지날 때 빨간 사과를 하나 가져다주렴." 그로부터 10년가량 지나 1848년의 2월 혁명 소식이 들려옵니다. 그때 79세의 리켈 할머니는 한껏 멋을 낸 차림으로 집 대문 앞에 서 있었습니다. 그녀는 미스트랄의 모습을 보고 이렇게 말했습니다. "드디어 빨간 사과가 여물었다는구나. 앞으로는 아무 눈치 보지 않고 자유의 나무를 심을 수 있겠다." 빨간 사과는 당시 프로방스 지방에서 공화주의의 상징이었습니다. 리켈 할머니는 공포정치하에 있던 1793년 이 마을 촌장의 딸로서 축제날 이성理性의 여신역을 맡아 연기한 경험이 있었습니다. 그녀는 젊은 가슴을 약동시키던 93년의 공화국이 재래하기를 완전히 늙어버린 그날까지 계속 기다려왔던 것입니다(스기 후지오杉富士雄 「미스트랄 「나의 근원」과 그 연구」 후쿠타케서점福武書店, 1984년, 인용).

리켈 할머니를 기쁘게 한 1848년의 공화정은 오래 지속되지는 않았습니다. 머지않아 루이 보나파르트가 황제 나폴레옹 3세가 되어 제2제정(1852~1870)을 수립하였기 때문입니다. 역사가 가브리엘 모노(1844~1912)가 쓴 글에 따르면, 그가 낭트 거리에서 하숙하고 있을 때 그 집의 여주인은 자신의 아버지에 대한 추억을 이렇게 이야기했다고 합니다. 그 아버지는 젊은 시절 열광적으로 혁명을 맞았으며 혁명을 수호하기 위해 방데의 반란군과 싸웠던 병사였습니다. 그는 1830년 7월 혁명이나 48년 2월 혁명이 일어날 때마다 이번에야말로 1793년의 이상적 공화국이 재래할 것이라 믿었습니다. 그러나 그 기대는 배신당하고 그는 제2제정하에서 90여 세를 일기로 생애를 마칩니다. 그 죽음의 문턱에서 그는 허공을 바라보며 이렇게 중얼거렸습니다. "오오, 93년의 태양이여, 너의 빛을 끝내 다시 보지 못한 채 이렇게 나는 죽는 것인가!"

'93년의 태양'은 이렇게 하나의 신화이자 전설이 되어 전해집니다. 그것은 '언젠가…'라고 말하며 죽어간 사람들이 높은 이상의 등불을 내세운 덕분이었습니다. 바로 그렇기에 프랑스 혁명의 정신은 시대를 넘어, 바다를 넘어 도미즈카 소년의 '나아갈 길을 밝히는 등불'도 될 수 있었습니다. 위고의 『레 미제라블』 전체를 흐르는 이상주의와 인간성에 대한 찬가의 출발점이 빈사의 전 국민공회 의원이 이야기하는 혁명의 이상이었다는 사실은 제1장 첫머리에 적어둔 바 있습니다. 만약 여러분이 장 발장의 이야기를 읽을 기회가 있다면 그 뒤편에서 들려오는 프랑스 혁명기 사람들의 목소리를, 그 비참했기에 위대했던 사람들의 목소리를 부디 귀 기울여 들어주세요.

:: 극약의 정체 : 인간 열정의 분출

이 책에서 필자는 프랑스 혁명이 극약 같은 것이었다는 가설을 세우고, 그 가설을 여러 가지 각도에서 검증해왔습니다. 극약이 왜 사용되었는가, 그것은 어떤 효과와 고통을 가져왔는가 하는 점에 관해서도 어느 정도까지는 설명하였습니다. 하지만 여러분은 마지막에 다다른 이 시점에 분명 '이 책에는 극약의 작용에 대한 설명은 있어도, 정작 극약의 정체에 대해서는 아직 아무 말도 없잖아'라고 생각하지 않을까 합니다. 그 말이 맞습니다. 이제까지의 설명은 이른바 항암제의 작용(효과와 부작용)에 대한 설명뿐으로, 복용한 항암제가 무엇이었는지에 대해서는 다루지 않았습니다.

극약의 정체는 무엇인가 하는 문제는 혁명이란 무엇인가 하는 문제와 같습니다. 그렇지만 여러분은 여기에서 혁명의 정의를 구하고자 하는 것은 아닐 터입니다. 혁명의 정의라면 역사학자와 사회학자들이 여러모로 논하고 있으며, 필자도 그것을 여기서 되풀이할 생각은 없습니다. 여러분이 구하는 바는 프랑스 혁명의 정체를 필자가 어떻게 생각하는지 명료하게 말하라는 것이겠지요. 솔직히 대답하겠습니다. 프랑스 혁명은 지도자와 대중을 포함하여 위대하고 비참한 인간들이 부르짖은 영혼의 외침이자 거대한 열정의 분출이었다고 필자는 생각합니다. 지금부터 그것을 간단히 설명하도록 하겠습니다.

지도자들이 부르짖은 영혼의 외침에 관해서는 이미 서술하였으니, 여기에서는 이름 없는 대중에게 프랑스 혁명이 무엇이었는지를 생각해봅시다. 이를 알기란 상당히 어려운 일입니다. 다만 혁명 직전과 직후에 대중이 어떤 생각을 가지고 있었는지 탐색함으로써 어느 정도까지는 파악할 수 있을 것입니다.

이쯤에서 혁명 전야인 1789년에 비트리에 드 생메크상의 마을 사람들이 쓴 진정서를 떠올려보세요. 그들은 '인간성(위마니테)의 이름을 걸고' 영주의 성관 앞에 꿇어 엎드리기를 거부했습니다. 그럼 혁명 직후는 어땠을까요. 필자는 노르망디의 루앙 대주교령이라는 소령(영지)에 관해 연구하고 있는데, 최근 혁명 직후에 나온 흥미로운 사료를 읽었습니다. 그 사료란 테르미도르로부터 머지않은 1795년 간행된 『센앵페리외르 주지州誌』로서, 그 지방의 상황을 정리한 서적입니다. 거기에는 이런 글이 쓰여 있습니다.

혁명 이전 디에프 마을은 루앙 대주교의 소령이었다. ……영주인 대주교는 생선에 대한 세금과 해로 및 육로로 이 마을에 들어오는 다양한 상품에 대한 세금 등, 가장 무거운 부담이 되는 여러 세금을 징수하고 있었다. 이러한 세금은 오래된 봉건적 조세로서 혁명이 그것들을 없앴다. 나는 그러한 세금에 대해 이제 와서 새삼 이야기하고 싶지는 않다. 다만 아무래도 잠자코 넘어갈 수 없는 세금이 하나 있다. 그것은 대주교가 유곽(매춘이 이루어지는 곳)에 부과한 세금이다. ……탐욕스런 성직자가 매춘에까지 부과한

이 세금을 납부함으로써 말하자면 매춘 행위는 공인되었
던 것이다.

　구체제하에서 이 영주가 실제로 매춘부에게 매춘 영업세
를 징수하였는가 하는 것은 사회의 치부에 해당하는 일이기
때문에, 그것을 뒷받침할 만한 사료가 없습니다. 그러나 이
기술은 혁명 직후 사람들이 혁명 전의 영주를 어떤 시선으
로 보고 있었는지, 그리고 혁명에 의한 영주제 폐지를 어떻
게 받아들였는지를 명확하게 나타내고 있습니다. 그들에게
혁명은 인간의 존엄을 회복하는 소업이었던 것입니다.

　이렇게 혁명 전과 후에 이름 없는 대중이 무슨 생각을 하
고 있었는지 알아봄으로써, 인간성을 상처 입은 그들이 인
간의 존엄을 회복하기 위하여 일어섰다는 사실을 재차 분명
히 확인하였습니다. 바로 그렇기에 혁명에 참가한 이름 없
는 사람들의 마음속에서 혁명은 언제까지나 '빨간 사과'이
자 '태양'으로 존재해온 것입니다. 하지만 동시에 그들이 에
탕프에서는 시장을 살해하고, 파리에서는 '9월 학살'로 치달
은 것도 잊어서는 안 됩니다. 또한 그들이 늘 혁명의 지지

자였던 것도 아니었습니다. 몇몇 조건하에서 그들은 방데의 반혁명 반란을 일으켜 혁명파와 처참한 전투를 벌였습니다. 혁명에 대한 찬반 여부를 불문하고 그들 무수한 대중의 정념이 용솟음쳤던, 그 거대한 소용돌이가 프랑스 혁명이었습니다. 그러한 열정의 분출이 모든 사회층을 망라하는 것이었던 만큼 프랑스 혁명이라는 극약은 그처럼 커다란 효과와 고통을 가져온 것입니다.

:: 열정 없이는 대사업도 없다

프랑스 혁명 얼마 후까지 살았던 독일의 철학자 헤겔(1770~1831)은 1830년에 베를린대학에서 세계사 철학의 서론으로 『역사 속의 이성』이라는 강의를 하였습니다. 이 강의에서 그는 세계 역사가 이성(개인의 이성이 아닌 이를테면 신과 같은 존재)에 의해 지배되어 '자유로운 의식 속의 진보'라는 형태로 나아간다고 이야기하였습니다. 전체적으로 역사 발전의 법칙성을 논한 것이라 할 수 있습니다. 다만 그 안에서 헤겔은 인간의 개성적 활동이라는 것의 가치를 충분히 인정하며 다음과 같이 말했습니다.

> 지금 인간의 개성 전부가 의지의 힘을 최대로 지니고 하나의 대상에 경주傾注되어 그 개성이 가진 모든 욕구와 힘이 목적에 집중될 때, 그러한 인간의 의욕을 열정이라 부른다면 우리는 그러한 열정 없이는 세계에서 어떤 위대한 사업도 이룩하지 못했을 것이다.

여기서 헤겔이 말하는 '열정(라이덴샤프트)'이란 영어 패션에 해당하는 단어이므로 정념이나 격정으로 번역해도 좋을 것입니다. 인간이 개인으로든 집단으로든 그 전인격을 기울여 어느 목적을 위해 몸을 바치는 정념이 없다면 세계사에서는 어떤 위대한 사업도 이룩할 수 없다는 말입니다. 필자는 그런 의미에서 프랑스 혁명이란 위대함과 비참함을 함께 갖춘 인간 정념의 거대한 분출이었다고 생각합니다.

이는 물론 프랑스 혁명에만 국한된 것이 아닙니다. 요시다 쇼인이 '몸은 비록 무사시武蔵(도쿄와 일부 인근 지역을 일컫던 옛 지명─역자 주) 들판에서 스러지더라도 일본 정신은 남겨두리라'라는 사세구辭世句(죽을 때 남기는 말이나 시가 따위의 문구─역자 주)를 남기고 29세로 처형된 것은 유명합니다. 전쟁 중에는 이 '일본 정신'이란 말은 천황에게 충성을 다하는 마음이라고 배웠습니다. 하지만 그렇게 간단한 것이 아닌 모양입니다. 그는 처형되기 반년 전 한 편지 속에서 '나폴레옹을 깨워 일으켜 브레이헤이트(네덜란드어로 자유라는 의미)를 부르짖지 않고는 번민煩悶이 가시지 않는다'라고 적었습니다(다나카 아키라田中彰『쇼인과 여자 죄수와 메이지 유신』NHK북스, 1991년, 84쪽). 죽은 나폴레옹을 저승에서 데려와 자유를 부르짖지 않고는 마음속에 쌓인 울분을 풀 길이 없다는 의미입니다. 그 당시의 일본에는 프랑스 혁명이 잘 알려져 있지 않았기 때문에 나폴레옹이 인용된 것으로 보입니다.

그의 '일본 정신'과 '번민' 즉 마음속 괴로움의 원인에는 존왕尊王이 있는가 하면 브레이헤이트도 있었을 것입니다. 중요한 것은 쇼인으로 대표되는 유신지사들이 그 내용은 가지각색일지언정 모두 번민을 품고 있었다는 점입니다. 이것이 바로 헤겔이 말하는 열정입니다. 이와 같이 메이지 유신도 또한 정념의 분출이었습니다. 다만 프랑스 혁명의 경우와 결정적으로 다른 점은 유신 때는 한정된 무사의 열정만이 분출되어 국가의 변혁으로 이어지고, 부르주아와 대중의 열정 분출이 이어지지 않았다는 점으로서, 그 때문에 유신의 열정은 결국 극약까지는 되지 않았던 것이라고 생각합니다.

:: 역사를 배우는 의미

이러한 관점에서 필자는 역사를 배우는 의미에 대하여 다시 한 번 정리할 필요가 있다고 생각합니다. 역사를 배우는 데는 크게 나누어 세 가지 의미, 혹은 세 가지 목적이 있습니다.

첫 번째 의미는 과거로부터 현재까지의 변화 과정을 알고 현재를 이해하는 데 참고하는 것입니다. 프랑스 혁명과 같은 변혁기를 공부하는 경우에는 이러한 변화 과정을 고찰하는 의미가 커집니다. 이 경우 변화 과정을 이해하기 위해서는 변화의 원인과 결과를 검토하는 것, 즉 역사 속의 '왜

Why'를 생각하는 것이 중심이 됩니다. 이 책에서 필자가 역사의 저류에 있는 경향(경로)을 중시하며, 계속해서 왜 그렇게 되었는가 하는 문제를 제시한 것도 그 때문입니다.

두 번째 의미는 현재의 우리와는 전혀 다른 과거 사람들의 삶을 알고 지금의 우리 삶을 반성하는 것입니다. 예를 들어 중세 사람들의 마음가짐이나 바람직한 인간관계 등을 공부하여 현재와 비교하는 것으로, 최근 '사회사社會史' 등의 이름으로 이루어지는 연구가 이에 해당합니다. 이 경우 과거 사람들의 삶을 이해하기 위해서는 '어떻게 How'를 생각하는 것이 중심이 될 것입니다. How를 생각하는 것이 Why를 생각하는 것과 마찬가지로 중요하다는 사실은 말할 것도 없습니다.

세 번째 의미는 역사 속을 살았던 인간들의 위대함과 비참함을 알고 그에 공감하며 감동하는 것입니다. 이 책에서 필자가 목표로 한 것은 여러분이 프랑스 혁명의 큰 줄기를 이해하는 한편, 혁명의 위대함과 비참함을 통해 인간의 위대함과 비참함에 대해 사색하는 기회를 갖게 되는 것이었습니다. 이러한 필자의 시도가 조금이라도 여러분에게 도움이 되었다면 이 책의 목적은 달성되었다고 할 수 있습니다.

:: 청동 시대의 여러분에게

　마지막으로 여러분에게 하고 싶은 말이 하나 있습니다. 그것은 인간의 위대함과 비참함에 대해 사색한다는 것은 역사상의 인물만을, 혹은 무언가 위대한 사업을 한 인물만을 대상으로 하지 않는다는 것입니다. 현재의, 또한 여러분 주위에 있는 사람들이 가진 번민과 괴로움, 그리고 그러한 고뇌가 있었기에 얻은 위대함을 알아주세요. 그런 다음 거기에 감동하고 공감할 수 있다면 그로 인해 앞으로 여러분의 인생은 한층 더 풍요로워질 것입니다.

　이 책을 집필하고 있을 때(1997년) 영국의 전 왕태자비 다이애나가 사고로 갑작스럽게 세상을 떠났습니다. 그 소식이 전 세계 사람들의 마음을 그렇게나 크게 뒤흔든 것은 왜일까요. 다이애나는 위대한 사업을 이룩한 인물이 아니었고, 모범적인 왕태자비도 아니었으며, 오히려 여러 가지 문제를 가진 인물이었습니다. 그런 다이애나의 죽음이 그만한 반향을 불러일으킨 것은 그녀가 자신이 믿는 길을 따라 살아가기 위한 번민, 괴로움, 그리고 고뇌를 통해 인간의 위대함을 보여주었기 때문이라고 생각합니다. 다소 엉뚱한 표현이지만 필자는 다이애나의 삶이야말로 극약이고, 그녀는 프랑스 혁명이라고 생각했습니다. 필자는 엘튼 존이 그녀를 위해 부른 '바람 속의 촛불'을 들으며 뭉클해지는 가슴을 억누를 수 없었습니다. 그 곡에서 반복되는 다음과 같은 구절은 그 프랑스 혁명이 전설이 되어 전해지는 의미와 같은 뜻을 담고 있다고 느껴졌기 때문입니다.

안녕히, 영국의 장미여.
당신이 언제까지나 우리 마음속에 피어나기를. ……
당신의 촛불은 끝내 다 타고 말았습니다.
하지만 당신의 전설은 영원히 살아 숨 쉬겠지요.

청동 시대의 여러분, 다이애나처럼 자신이 믿는 길을 따라 살아가는 데는 용기가 필요합니다. 그것은 극약을 마시는 데 용기가 필요한 것과 같습니다. 역사 속의 극약이었던 프랑스 혁명이 여러분에게 용기를 줄 것입니다.

자신이 믿는 길을 따라 살아간다는 것은 물론 자기 마음대로 산다는 의미가 아닙니다. 그것은 날카로운 이성과 생생한 감성을 가지고 인생을 모색하는 것이자, 선인先人 앞에 공손히 머리 숙이면서도 선인을 맹종하지는 않는 것입니다. 이를 강조한 사람은 다름 아닌 '청동 시대' 조각을 만든 로댕 자신이었습니다. 그가 젊은 예술가를 위해 남긴 유언의 한 구절을 여기 적으며 이 책을 마무리하도록 하겠습니다.

그대들의 선인인 대가大家들을,

마음을 다하여 경애하라.

페이디아스(고대 그리스의 조각가) 앞에,

미켈란젤로 앞에, 고개를 숙이라. ······

다만 그대들의 선배를 모방하지 않도록 주의해야 한다. ······어떤 대가에 대한 맹종도 금하는 것은 전통 그 자체이다.

후기

　필자가 프랑스 혁명의 역사에 처음 흥미를 가진 것은 고등학교 2학년 때, 프랑스 혁명을 소재로 한 아나톨 프랑스의 역사소설 『신들은 목마르다』를 읽은 것이 계기였습니다. 그것이 벌써 반세기 가까이나 지난 일이니, 요즘 여러분들이 어떤 책을 즐겨 읽으시는지 필자는 잘 모릅니다. 하지만 올봄 '이와나미 신서'의 하나로 프랑스 혁명에 대해 써달라는 의뢰를 받았을 때, 필자는 자신이 고등학생이었던 무렵을 떠올리고 지금의 젊은 독자 여러분에게 필자의 생각을 들려주고 싶다는 마음이 들었습니다. 그래서 이제까지 필자가 연구해온 내용을 한번 옛날로 돌아간 기분으로 써보자고 마음먹으며 이 책을 썼습니다.

　'머리말'에도 적었듯이 이 책은 프랑스 혁명의 역사를 빠짐없이 정리한 개론서가 아니라, 혁명에 대한 필자의 생각을 서술한 책입니다. 마지막에 적어둔 것처럼 프랑스 혁명이라는 극약의 정체는 인간 열정의 대규모 분출이었습니다. 사회를 하나의 나무통에 비유하면 그 통을 감싸고 있던 '테'가 갑자기 빠지면서 사회가 따로따로 분해된 것입니다. '테'가 빠진 탓에 다양한 사회층이 저마다 독자적인 운동을 시작하고, 그 운동들이 합성되어 혁명의 지그재그형 진로가 정해지는 한편 거기서 분출한 인간의 열정에 의해 혁명의 위대함과 비참함이 함께 야기되었습니다. 이러한 필자의 생각에 대해 여러분도 부디 여러 가지로 생각해보세요.

원고를 마치고 보니 이 책에는 프랑스 혁명에 관해 중요한 문제가 몇 개나 누락된 것이 마음에 걸립니다. 예를 들면 넓은 의미에서의 문화 문제를 거의 다루지 못했습니다. 최근 프랑스 혁명의 의의는 새로운 문화를 창조한 점에 있다는 지적이 나오고 있습니다. 또한 프랑스 혁명은 중앙집권적 국가권력을 강화하여 국민을 일원적으로 통합하려 했기 때문에, 이전까지 각 지역마다 존재하던 다채로운 지역문화를 파괴하고 말았다는 사실도 문제시되고 있습니다. 현재 넓은 의미에서의 문화에 대한 관심이 고조된 것을 생각하면 이러한 갖가지 문제는 당연히 제기되어야 할 것입니다. 이 책에 누락된 그런 문제들에 관해서는 앞으로 여러분이 스스로 공부해보도록 하세요.

그리고 이 책에서는 프랑스 혁명은 결과적으로 부르주아의 이해에 적합한 사회(부르주아 사회)를 가져왔으므로 '부르주아 혁명'이라고 이야기하였습니다. 그러나 여러분은 세계사 교과서 등에서 프랑스 혁명은 '시민 혁명'이라고 배웠을 것입니다. 시민 혁명이란 시민 사회를 가져온 혁명이라는 뜻으로 사회의 구성법 자체에 착안한 용어이며, 부르주아 혁명이란 부르주아의 이익으로 귀결된 혁명이라는 뜻으로 사회 각층의 이해에 착안한 용어입니다. 프랑스 혁명은 사회의 구성법에 착안하면 시민 사회를 가져왔고, 사회 각층의 이해에 착안하면 부르주아 사회를 가져왔기 때문에 시민 혁명이자 부르주아 혁명이었다고 할 수 있는 것입니다.

다만 시민 혁명이라는 것을 이해하기 위해서는 시민 사회란 무엇인지 충분히 이해할 필요가 있는데, 이는 사실 대단히 어려운 문제입니다. 왜냐하면 메이지 이후 일본에서는 서양과 같은 의미의 시민 사회가 실현되지 못한 탓에, 아직도 시민이나 시민 사회라는 단어가 우리에게 친숙해지지 않았기 때문입니다. 그래서 필자는 이 책에서 시민 사회나 시민 혁명이라는 단어의 사용을 의도적으로 피했습니다. 이 문제에 관해서도 앞으로 여러분이 스스로 공부해주시기를 기대하겠습니다.

1997년 11월
지스카 다다미

독서 안내

프랑스 혁명에 관하여 더욱 자세히 알고 싶다면 먼저 가장 중요한 고전으로서 G. 르페브르 저, 다카하시 고하치로高橋幸八郎·시바타 미치오柴田三千雄·지즈카 다다미 역『1789년—프랑스 혁명 서론』(이와나미서점. 1975년)을 추천합니다.

새로운 해석을 대표하는 서적으로는 L. 헌트 저, 마쓰우라 요시히로松浦義弘 역『프랑스 혁명의 정치 문화』(헤이본샤平凡社. 1989년)가 있습니다. 그리고 종래의 연구를 종합하여 알기 쉽게 정리한 것으로는 시바타 미치오 저『프랑스 혁명』(이와나미 세미나북스. 1989년)이 있습니다.

또한 조금 오래된 책이기는 하지만 다음 두 가지도 프랑스 혁명의 경과를 상세히 아는 데 참고가 됩니다. A. 소불 저, 오바세 다쿠조小場瀬卓三·와타나베 준渡辺淳 역『프랑스 혁명 (상)(하)』(이와나미 신서. 1980년). A. 마티에 저, 네즈 마사시·이치하라 도요타市原豊太 역『프랑스 대혁명 (상)(중)(하)』(이와나미 문고. 1958~59년).

프랑스사에서 혁명이 차지하는 위치를 고찰하기 위해서

는 다음 두 서적이 좋습니다. 핫토리 하루히코服部春彦・다니가와 미노루谷川稔 편저 『프랑스 근대사』(미네르바쇼보ミネルヴァ書房, 1993년). 시바타 미치오・가바야마 고이치樺山紘一・후쿠이 노리히코福井憲彦 편『프랑스사』제2권(야마카와출판사山川出版社, 1996년).

마지막으로 유럽사 속의 프랑스 혁명을 고찰하기 위해서는 지즈카 다다미 저『유럽의 혁명』(고단샤講談社, 1985년)이 있습니다. 또한 다소 어려운 책이지만 지즈카 다다미 저『로베스피에르와 돌리비에』(도쿄대학출판회, 1986년)를 읽어주시면 기쁘겠습니다.

프랑스 혁명 관련 연표

1588년	• 영국이 스페인의 '무적함대'를 격멸.
1598년	• 프랑스에서 종교 전쟁이 끝나고, 절대왕정이 성립.
1640년	• 영국의 청교도 혁명(~60).
1661년	• 루이 14세 친정 개시, 재무총감 콜베르를 기용.
1688년	• 영국의 명예혁명(~89).
1701년	• 스페인 계승 전쟁(~13). • 영불이 북미 식민지에서 전투.
1715년	• 루이 14세 사망, 루이 15세 즉위.
1730년경	• 프랑스에서 인구 증가 · 경제 호황이 시작. 같은 시기부터 계몽사상이 유행.
1740년	• 오스트리아 계승 전쟁(~48), 영불이 북미와 인도에서 전투.
1756년	• 7년 전쟁(~63), 프랑스는 북미와 인도에서 영국에 패배.
1760년경	• 영국 산업혁명 개시.
1762년	• 루소 『사회계약론』 간행.
1774년	• 루이 15세 사망, 루이 16세 즉위.
1776년	• 미국 독립선언, 프랑스는 미국 독립을 지원.
1786년	• 영불통상조약, 프랑스 산업에 큰 타격.
1787년	• 명사회의 개최, 귀족의 반항으로 왕권이 마비(프랑스 혁명 시작).

1789년	• 5월 5일, 전국삼부회 개회. 6월 17일, 전국삼부회는 국민의회로 개칭. 6월 20일, '테니스코트의 서약'. 7월 9일, 국민의회는 헌법제정 의회로 개칭.
	• 7월 14일, 바스티유 점령. 7월 말, 농촌에서 '대공포'
	• 8월 4일 밤, 봉건제 폐지 결의. 8월 26일, '인권선언'.
	• 10월 5~6일, 국왕이 8월의 제 법령을 승인. 국왕과 의회가 베르사유에서 파리로 이동.
	• 11월 2일, 성직자 재산의 국유화(이어서 그 매각)를 결정.
1790년	• 3월 15일~5월 3일, 토지에 대한 영주의 권리 폐지에는 20배의 보상금이 필요하다고 규정.
	• 7월 12일, '성직자시민화법'(성직자 신분을 폐지하는 한편 성직자를 국가에서 봉급을 받는 공무원으로 만드는 법령으로, 이에 반대하는 성직자 일부는 반혁명파가 된다).
	• 10월 31일, 국내 관세 철폐(상품 유통의 자유).
1791년	• 3월 2일, 길드 폐지(영업의 자유). 6월 14일, '르 샤플리에 법'(동업조합 결성과 노동자의 단결을 금지).
	• 6월 20~21일, 국왕 일가 바렌으로 도망. 8월 27일, '필니츠 선언'(오스트리아 황제와 프로이센 왕이 프랑스 혁명에 대한 무력간섭을 시사).
	• 9월 3일, 헌법(91년 헌법) 제정. 9월 28일, '농업법전'(농업 생산 · 농산물 유통의 자유). 9월 30일, 헌법제정 의회 해산. 10월 1일, 입법의회 개회.
1792년	• 3월 3일, 에탕프 사건. 이 무렵 민중과 농민의 봉기가 다발, 또한 반혁명파 소란도 다발.

- 4월 20일, 프랑스가 오스트리아에 선전포고, 이어서 프로이센도 대프랑스 전쟁 참가. 7월 11일, '조국은 위기에 빠졌다' 선언, 전국에서 의용병이 파리에 집결. 7월 27일, 망명자 재산의 국유화(이어서 그 매각)를 결정.

- 8월 10일, 파리 민중과 의용병이 왕궁을 습격하여 왕권 정지(91년 체제 붕괴). 8월 25일, 영주의 제 권리 무상 폐지 원칙이 결정. 9월 2~6일, 파리에서 '9월 학살'.

- 9월 20일, 입법의회 해산. 9월 21일, 국민공회 개회, 같은 날, 왕정 폐지 결정. 9월 22일, 공화정 수립.

- 12월 2일, 로베스피에르가 '생존권의 우위'를 제창. 12월 22일, 곡물의 매점과 가격 담합을 금지.

1793년
- 1월 21일, 루이 16세 처형.

- 2월 1일, 영국과 네덜란드에 선전포고. 2월 24일, 30만 명의 징병. 3월 7일, 스페인에 선전포고. 3월까지 영국의 주도로 유럽 각국이 대프랑스 동맹 결성.

- 3월 10일, 방데 지방에서 반혁명 내란 개시. 3월 10일, 특별형사재판소 설치(동년 9월에 '혁명재판소'로 개칭). 4월 6일, 국민공회 내부에 공안위원회 설치.

- 5월 31일~6월 2일, 민중이 국민공회 포위, 지롱드파 주요 의원 추방(산악파 독재 개시). 6월 24일, 신헌법(93년 헌법) 제정. 7월 13일, 마라 암살. 7월 17일, 영주의 제 권리 완전한 무상 폐기. 8월 23일, 국민총동원령.

- 9월 5일, 국민공회를 포위한 민중의 압력에 의해 공포정치 조직화를 결정.

- 9월 17일, '반혁명용의자법' 제정(공포정치 개시). 9월 29일, 생활필수품의 '최고가격법' 제정.

- 10월 10일, '혁명정부' 수립. 93년 헌법 실시는 평화의 도래까지 연기.

	• 10월 31일, 지롱드파 지도자 처형. 11월 8일, 롤랑 부인 처형. 11월 29일, 바르나브 처형.
	• 연말부터 각 전선에서 프랑스군이 우세.
1794년	• 3월 29일, 콩도르세 자살. 3월~4월, 산악파 내부 분열, 에베르파와 당통파 처형. 5월 8일, 라부아지에 처형.
	• 6월~7월, 벨기에 방면에서 프랑스군 승리. 7월 27일(테르미도르 9일), 쿠데타로 로베스피에르파 실각, 다음날 처형(공포정치 종료, 혁명 노선이 우경으로 전환).
	• 11월 12일, 자코뱅 클럽 폐쇄. 12월 24일, 최고가격법 폐지.
1795년	• 4월~5월, 파리에서 혁명기 최후의 민중 봉기, 곧바로 진압.
	• 8월 22일, 신헌법(공화 제3년 헌법) 제정, 보통선거제 폐지. 10월 26일, 국민공회 해산. 10월 27일, 총재정부 발족.
1796년	• 3월 2일, 나폴레옹이 이탈리아 방면군 사령관에 취임. 5월 10일, 바뵈프의 음모 사건 발각(이듬해 처형).
1799년	• 11월 9일(브뤼메르 18일), 쿠데타로 나폴레옹이 정권 장악(프랑스 혁명 종료).
1804년	• 나폴레옹이 황제로 등극(제1제정).
1814년	• 나폴레옹이 연합국에 패해 왕정복고(루이 18세 즉위).
1815년	• 나폴레옹 '백일천하', 다시 왕정복고.
1816년	• '국왕 살해자' 추방령.
1830년	• 7월 혁명, 루이 필리프가 왕위에 추대(7월 왕정).
1848년	• 2월 혁명, 제2공화정 수립.
1852년	• 나폴레옹 3세가 황제로 등극(제2제정).

1862년	• 위고 『레 미제라블』 간행.
1870년	• 보불 전쟁 패전으로 프랑스 제2제정 붕괴. 제3공화정 (1940까지).
1875년	• 프랑스 신헌법 제정. 공화정 확립. 남성 보통선거제 확립.
1879년	• '라 마르세예즈'를 다시 프랑스 국가로 지정.
1880년	• 7월 14일(바스티유 점령의 날)을 프랑스 국경일로 지정.
1886년	• 파리대학에 프랑스 혁명사 강좌 개설.
1889년	• 프랑스 혁명 100주년. 파리에서 만국박람회. 에펠탑 완공.
1891년	• 마리아 스크워도프스카(퀴리 부인) 파리 도착.
1907년	• '자유 · 평등 · 우애'를 다시 프랑스 표어로 채택.
1948년	• 세계인권선언이 인간의 생존권을 보장.
1989년	• 프랑스 혁명 200주년. 1793년의 공과 죄를 둘러싸고 여론 분열.

프랑스 혁명 —역사의 변혁을 이룬 극약—

초판 1쇄 인쇄 2017년 6월 20일
초판 1쇄 발행 2017년 6월 25일

저자 : 지즈카 다다미
번역 : 남지연

펴낸이 : 이동섭
편집 : 이민규, 오세찬, 서찬웅
디자인 : 조세연, 백승주
영업 · 마케팅 : 송정환
e-BOOK : 홍인표, 안진우, 김영빈
관리 : 이윤미

㈜에이케이커뮤니케이션즈
등록 1996년 7월 9일(제302-1996-00026호)
주소 : 04002 서울 마포구 동교로 17안길 28, 2층
TEL : 02-702-7963~5   FAX : 02-702-7988
http://www.amusementkorea.co.kr

ISBN 979-11-274-0793-3 04920
ISBN 979-11-7024-600-8 04080

FRANCE KAKUMEI —REKISHI NI OKERU GEKIYAKU—
by Tadami Chizuka
Copyright © 1997, 2010 by Hiroko Iwamoto
First published 1997 by Iwanami Shoten, Publishers, Tokyo.
This Korean edition published 2017
by AK Communications, Inc., Seoul
by arrangement with the Proprietor c/o Iwanami Shoten, Publishers, Tokyo.

이 도서의 국립중앙도서관 출판예정도서목록(CIP)은 서지정보유통지원시스템 홈페이지
(http://seoji.nl.go.kr)와 국가자료공동목록시스템(http://www.nl.go.kr/kolisnet)에서 이용
하실 수 있습니다. (CIP제어번호: CIP2017012365)

*잘못된 책은 구입한 곳에서 무료로 바꿔드립니다.